小津安二郎

粋と美学の名言60

米谷紳之介

双葉文庫

目次

第二章 小津を識る —— 135

いい顔～まえがきにかえて

名前は知られていても、顔を知られていない映画監督は案外多い。たとえば日本映画黄金期の巨匠たちだ。溝口健二《みぞぐちけんじ》、木下恵介《きのしたけいすけ》、成瀬巳喜男《なるせみきお》の名前からすぐに顔が頭に浮かぶ映画ファンはどれだけいるだろう。例外は小津安二郎と黒澤明《くろさわあきら》だが、黒澤明はサングラスをした印象が強く、その下の素顔はあまり知られていない。しかも黒澤は一九九八年まで生き、晩年はメディアの露出も多かった。

海外に目を転じても、ジョン・フォードやハワード・ホークスの顔は知らなくても、アルフレッド・ヒッチコックのあのツルンとした顔を知る人は多い。これもテレビの『ヒッチコック劇場』に自《みずか》ら登場し、ブラウン管の向こうから視聴者に語りかけたからだ。さらに自分の映画にカメオ出演までした。

小津は一九六三年に帰らぬ人となり、テレビの全盛期を知らないままこの世を去った。カメオ出演もない。ところが、多くの人が小津の顔を知っている。不思議なほど心に残る顔なのだ。

なぜか。ぼくの答えはこうだ。

「いい顔だから」

「いい顔」というのは二枚目や美男子とは違う。ココ・シャネルが「二十歳《はたち》の顔は自然からの贈り物、三十歳の顔はあなたの人生、五十歳の顔はあなたの功績」と言ったように、人生の足跡の一つ一つが彫り込まれた顔である。

小津映画のスタッフや出演者の証言から分かるのは小津が人を想うやさしさや人を笑わせるユーモアを持つ人物だったことだ。同時に仕事では妥協をしない、厳しい人だった。そして、飲んだり食べたりが大好きで、たくさんの本を読み、たくさんの美術品を鑑賞した。そんな小津の顔写真を見ていると、小津映画の世界の住人に見えてくることがある。ローポジションで撮られた畳の居間に小津がいてもきっと違和感はない。

小津映画の俳優もみんな「いい顔」をしている。小津の分身とも言うべき笠智衆《りゅうちしゅう》はその代表だ。ぼくが十代の頃から、年を取ったらこんな顔になりたいと憧れた人である。一度だけ取材する機会があったのだが、映画のまんま。何もせず、何も喋《しゃべ》らず、そこに突っ立っているだけでも笠智衆なのである。同じ場所にいて、同じ空気を吸っているだけで心がほころぶような人だった。

もちろん、この空気は笠智衆が生きてきた時間が醸成するものだろう。とりわけ小津との時間が「いい顔」をつくったに違いない。小津はある時、笠にこんな注文を出した。

「君は、悲しい時には悲しい顔、嬉しい時には嬉しい顔、なんか絵に描いたような演技をするね。俺のところでやる時は、表情はナシだ。お能の面でい

ってくれ」（笠智衆『大船《おおふな》日記　小津安二郎先生の思い出』より）

つまり、小津は演じることが本業の俳優に対し、演じることを禁じてしまったわけで、笠智衆が撮影現場で悪戦苦闘したのは言うまでもない。何度もダメ出しされた。箸の上げ下げから、ご飯の飲み込み方まで細かく指示され、自分がまるでロボットになったようだったと笠は語っている。

それでも愚直に師である小津の教えに従い、年月の経過とともに花を咲かせ、美しいコケが生えてきたのが笠の俳優人生だった。

小津は笠の魅力についてこう語っている。

「笠は真面目な男だ。人間がいい。人間がいいと演技にそれが出てくる」

小津の演出は笠智衆という人間の本質を引き出すためのものだったはずである。笠智衆の柔らかな笑顔は時に仏像の慈愛の微笑《ほほえ》みさえ思わせるが、それは小津との共同作業によって、分かりやすい喜怒哀楽の感情表現を捨て去った先で獲得したものなのだろう。

小津が「もう一回」、「はい、もう一回」と言って、同じシーンを何度も演じさせたのは笠智衆に限らない。小津映画のミューズとも言える原節子《はらせつこ》も名優・杉村春子《すぎむらはるこ》に対してもそうだった。演じている俳優はどれがOKで、どれがNGか分からない。『東京暮色』に出演した有馬稲子《ありまいねこ》は小津映画の現場は「禅の体験だった」と語り、『秋刀魚《さんま》の味』の岩下志麻《いわしたしま》は「どこが悪いか分からず、頭の中が真っ白になった」と言っている。

小手先の芝居を嫌う小津は意図して俳優の頭を真っ白に、つまり人形のようにしたかったのではなかったか。それも俳優自ら人形となるように仕向けたのである。そして、人形になってからの演技がいい。顔がいい。

原節子は黒澤明、木下恵介、成瀬巳喜男ら巨匠の映画に数多く出ているが、彼女が一番「いい顔」なのはやっぱり小津映画だろう。原節子が紀子《のりこ》という名のヒロインを演じた紀子三部作は小津の代表作だが、『晩春』の原節子の微笑みは凄艶《せいえん》な美しさを湛《たた》えているし、『麦秋《ばくしゅう》』の微笑みには潔《いさぎよ》さがある。

『東京物語』では笑顔の奥に憂いがある。

小津映画の女優を見ていると「日本の最高の芸術は象牙細工《ぞうげざいく》でも陶器でも漆器でもなく、日本の女性である」といったラフカディオ・ハーンの言葉を思い出す。それくらい小津映画の女優は「いい顔」で輝いている。

男優だってそうだ。「いい顔」なのは笠智衆だけではない。たとえば、『彼岸花《ひがんばな》』や『秋日和』の佐分利信《さぶりしん》、中村伸郎《のぶお》、北竜二《きたりゅうじ》の〝おじさま〟三人組。良き友と良き酒を楽しそうに酌み交わす姿は老い方の手本を見るようだ。

誤解を恐れずに言えば、小津の映画は「顔」の映画である。もとより人物のアップが多い。「ただいま」「遅かったわね」「ちょっと飲んできたんだ」なんて日常会話が、バストショットの切り返しでリズミカルに綴《つづ》られる。しかも、表情もセリフも抑制がきき、余韻がある。顔から何を読み取るかは観客に委《ゆだ》ねられている。

「いい顔」と「いい顔」が醸《かも》す後味。

こんな映画を撮った監督をぼくは他に知らない。

（『コモレバWEB』より初出）

第一章

小津に学ぶ

小津の言葉　1

ぼくの生活条件として
なんでもないことは流行に従う、
重大なことは道徳に従う、
芸術のことは自分に従う。

（『キネマ旬報』昭和三十三年八月下旬号）

小津安二郎を語る上で、必ず引用されるのがこの言葉である。映画評論家との鼎談《ていだん》の際、横長のワイドスクリーンに話が及ぶと、小津は「絶対にしない」と断言したうえで、右の三つの生活条件を吐露した。

このあとに続く言葉とその口調は小津にしてはかなり強い。

「どうにもきらいなものはどうにもならないんだ。だからこれは不自然だと云《い》うことは百も承知で、しかもぼくは嫌いなんだ。そう云うことはあるでしょう。嫌いなんだが理屈にあわない。理屈にあわないが、嫌いだからやらない。こういう所からぼくの個性が出て来るので、ゆるがせにはできない。理屈にあわなくてもぼくはそれをやる」

小津の映画が小津自身の強固な価値観や美意識の上に成り立っていることをあらためて実感させる言葉である。

たとえば、小津らしさの代名詞でもあるロー・ポジションからの固定した画面。小津は全編これで画面を統一したわけだが、ロー・ポジションにふさわしいシーンもそうでないシーンもあったはずである。それでも自分のスタイルに固執したのは冒険であり、チャレンジだったと思う。

「なんでもないことは流行に従う」とは、要するに「流行には関心がありません」ということでもある。服一つとっても小津には小津が好む明確なスタイルがあり、そこに流行が入り込むすき間はなさそうだ。映画のなかでも田中絹代や高峰秀子に「新しいとは古くならないこと」（『宗方姉妹《むねかたきょうだい》』）と言わせ、自身も「流行に遅れている人のほうに興味を持つ」ことをたびたび語っている。

気になるのは二番目の「重大なことは道徳に従う」だが、それを示す逸話がある。

昭和二十年八月十五日、小津は終戦の日をシンガポールで迎えた。昭和十八年に軍報道部の映画班の一員としてシンガポールに出征したものの撮影は中止となり、終戦後は連合軍の監視下にあるマレーシアの収容所に入って捕虜生活を送ることになった。

この年の暮れに第一回の引き揚げ船がやってくる。

しかし、全員を乗せることはかなわず、公平を期してクジで乗船者を決めることになった。小津はこのクジに当たったが、乗船の権利はスタッフに譲った。

「俺はあとでいいよ」

結局、小津は翌年二月、映画班の最後の一員として帰還したのである。

監督という撮影隊の最高責任者の立場にあり、独身でもあることを考え合わせれば当然なのかもしれない。しかし次の引き揚げ船がいつかはわからない。誰もが一刻も早く帰りたい状況下にあって、小津は自らの道徳観に従った。

このエピソードに対する映画監督の新藤兼人《かねと》の言葉が熱い。

「私は、以前この話をきいたとき、小津映画の中味がわかったような気がしたのだ。それはちょうど、私が大船の脚本部に籍をおいて、小津さんという人に実際に接したりしているときでナマナマしかった。『俺はあとでいいよ』という男の心意気が小津映画の中心をぐーんと貫いているのである。それは強い自信に満ちた一本の線である」（『小津安二郎・人と仕事』）

もう一つ、小津の道徳観を思わせるのが、田中絹代が第二回監督作『月は上りぬ』で苦境に立たされたときである。

田中絹代は戦前から『大学は出たけれど』など小津映画十作品に出演した常連だが、『宗方姉妹』では演技を巡り確執があったと伝えられる。

しかし、昭和二十九年、小津と斎藤良輔が共同脚本を手がけた『月は上りぬ』を監督協会の企画、日活製作、田中絹代監督で撮ると決まると、協会の代表だった小津は実現に向けて奔走《ほんそう》する。松竹や大映は五社協定（松竹、東宝、大映、新東宝、東映五社による専属監督、俳優の引き抜き防止協定）を理由にキャスティングを妨害。小津は田中支援のために自分と松竹との契約を更新しなかった。こうした小津の対決姿勢に五社側が折れ、映画は翌年公開に至っている。

この間、小津自身は映画を撮っていない。戦後はほぼ一年に一作のペースで撮り続けた小津のキャリアで二年間も空白があるのはこのとき（昭和二十九、三十年）だけである。

小津の言葉 2

何でもないものも二度と現れない故にこの世のものは限りなく貴い。

（『小津安二郎・人と仕事』）

小津が手帖の余白にメモのように書き残した言葉の一つである。

小津映画のなかで、ぼくがこの言葉から真っ先に連想するのは洗濯物が風に揺れる風景だ。『東京物語』で老夫婦が訪ねる長男宅の物干し場に並んでいた白いシャツ。『お早よう』で少年のパンツと赤や黄色のセーターが干されたラストシーン。

『一人息子』に至っては、再会に心躍らせて上京した母が息子の家の近所に来てまず目にするのが、物干し竿に並んだ洗濯物が風に揺れる光景である。その後も似たカットは繰り返し現れ、母は東京に洗濯物を見物にきたのかとさえ思われるほどだ。

ぼくは小津を必ずしも日本文化を描くのに執心した映画作家とは思わないが、こんな風景に妙に日本を感じる。東南アジアの雑然とした干し方とも、地中海地域の建物と建物の間に紐《ひも》を張って干したのとも違う、整然と洗濯物が並ぶこざっぱりした感じ。

そして、洗濯物が干された様子は生活風景であると同時に晴れた天気を意味する。

蓮實《はすみ》重彦《しげひこ》は『監督 小津安二郎』で小津の多くの映画が快晴であることを指摘し、「白昼の映画作家」と呼んだが、洗濯物の向こうには晴れた空が広がっている。

刻々と表情を変える空こそ「二度と現れない故に限りなく貴《とうと》い」ものだろう。その空を見る人の気持ちも一度として同じではない。今見る空は今この一瞬しか見られない。空は今日が人生でたった一度の日であることを教えてくれる。

小津の言葉 3

私は小道具や衣装にうるさいと言われる。
しかし例えば、床の間の軸や置きものが、
筋の通った品物だと、
いわゆる小道具のマガイ物を持ち出したのと
第一私の気持が変って来る。
出て来る俳優もそうだろう。
また、人間の眼はごまかせても
キャメラの眼はごまかせない、
ホンものはやはりよく写るものである。

（『東京新聞』昭和二十七年十二月十九日）

小津はセットの小道具から役者の衣装まで一流品を使った。たとえば、工芸品や美術品を用意したのは赤坂の美術商の北川靖記であり、初めてのカラー作品『彼岸花』以降、和服を担当したのは鎌倉に呉服店「うらの」を構える染色家・浦野理一だった。

『彼岸花』や『秋日和』を見ると、画面の背後には洋画や日本画がさりげなく飾られているが、いずれも梅原龍三郎《りゅうざぶろう》をはじめ橋本明治《めいじ》、高山辰雄《たつお》、杉山寧《やすし》、安井曾太郎《そうたろう》、東山魁夷《ひがしやまかいい》など錚々《そうそう》たる画家たちの本物の作品ばかりで、撮影が終わると、白い手袋をしたガードマンが見張りをしなければならなかった。

当然、小津が言うように俳優の気持ちも引き締まるに違いない。

浦野理一の和とモダンが巧《たく》みに合わさった絵染《えぞめ》や格子《こうし》の着物も、小津映画の簡潔な画面づくりに大きく貢献している。

小津は専門の小道具やセットデザイナーがいるにもかかわらず、劇中に登場する料理屋やバーなどの看板文字までほとんど自分で描いたし、自分の家から私物を持参するのも当たり前だった。母のあさゑがこう証言している。

「安二郎が、仕事に入ると、毎日引っ越ししてるみたいです。きょうはあの茶わん、きょうはあの茶ダンス……と家のものを運び出す、持ち帰るのさわぎでしてね」(『サンデー毎日』昭和三十七年十二月十六日号)

撮影に入っても茶碗一つが気に入らなければ、大船から都内の小料理屋までスタッフに借りに行かせた。当然、その間、撮影はストップする。こうした半端《はんぱ》でない凝り性が、小津映画独特の画面の秩序をつくり上げた。

スタジオのセット内には塵《ちり》一つ落ちていなかった。その様子について渡辺文雄と岩下志麻が口を揃える。

「監督が来る前に、スタッフ全員でピカピカに乾拭《から》きするんです。(中略)ちょっとでも汚れたら怒られる。ぼくら靴を履くシーンだったら、セットの入り口で新品に履き替えるんですから」(渡辺文雄/『東京人』平成十五年十月号)

「小津組のセットというのは、小道具さんが総出で廊下を磨いていらしてピカピカなんです。そこで『滑って転ばないようにしよう』、それとタイトスカートで脚が目立つので、『歩き方をきれいにしよう』と気を使いました。撮影中の小津

組は物音ひとつしないほど張り詰めた空気で独特の雰囲気でした」(岩下志麻／同前)

この緊張した雰囲気のなかで、役者がセットに入る前に小津はカメラを覗きながら小道具の配置を何時間もかけて決めていく。それも東西南北や左右ではなく、「大船寄りに一センチ」「鎌倉寄りに二センチ」といったふうに地名で指示される。小津組の習わしだ。

小津自身は監督の仕事を「植木職人のようなものさ」(『小津安二郎と茅ケ崎《ちがさき》館《かん》』)と、植木の枝を整える作業にたとえているが、厳しい目で小道具だけでなく俳優の位置も決めていく姿を想像するに、むしろいけばなに近いのではないかとぼくは思う。

縁あって十年以上、小原《おはら》流の五世家元・小原宏貴《ひろき》の対談の構成を担当したことがあり、花をいける姿も間近に見た。彼は「いけばなは空間デザインだ」と言う。花という素材、とりわけその線の美しさを特定の空間のなかで表現していく行為は、実は足し算より引き算、つまり省略の美学にもとづくものなのである。空間のなかに余白をどうデザインするかが、日本のいけばなの本質なのだと若き家元は教えてくれた。

小津にとっての役者は、いけばなにおける花と言えるかもしれない。『長屋紳士録』で手相見を演じた笠智衆にNG続出のシーンがあった。そこで笠は思い切って「ちょっと不自然じゃないですか」と抗議した。すると、「『笠さん、僕は君の演技より映画の構図のほうが大事なんだよ』と、一蹴《いっしゅう》されてしまいました」（笠智衆『大船日記 小津安二郎先生の思い出』）

小津映画のほとんどに出演し、小津の分身とも言える役を多く演じた笠智衆でさえパーツなのである。笠智衆を花材にたとえれば、黒竹《くろちく》か、苔梅《こけうめ》か。

小津の言葉 4

とりたてたクセというのはないと思うが、とにかく人の和だけ大事に考えている。

（『読売グラフ』昭和三十年六月七日号）

小津の「和」という言葉から思い出されるのは小津と脚本家の野田高梧《こうご》との関係である。小津ともっとも多くの映画で共同脚本を手がけ、戦後も『晩春』から遺作の『秋刀魚の味』までコンビを組み続けた。

二人は脚本の執筆にだいたい三〜四か月かけた。『晩春』から『東京物語』までは湘南海岸の茅ヶ崎にある旅館の「茅ヶ崎館」、『早春』以後は毎回、蓼科《たてしな》に構えた野田の別荘に籠り、脚本が仕上がるまでずっと寝食をともにしている。松竹という映画会社が脚本を大事にするから許された贅沢《ぜいたく》な〝ホンづくり〟でもあった。

「シナリオ・ライターと監督が本を共作するときには、二人の体質が合っているということが一番大事なんですよ。いっしょに本を書くときに、相手も朝寝をし、こっちも朝寝をする。こっちも寝酒を飲むし、向こうも飲む。その量も同じ程度で、同じようにくたびれるといったように、生理的な状態が同じようになることが一番いいんですね。その点で、まったく野田さんと合うんですね」（『週刊読

売』昭和三十四年五月三十一日号)

しばしば二人の身辺に転がる出来事がネタになったし、ときには酒を飲んでの馬鹿話がヒントになった。ストーリーができれば、小津映画の妙でもあるセリフが数百枚のカードに並べられ、ああでもない、こうでもないと吟味《ぎんみ》される。しかし両者のコミュニケーションがシナリオという果実に発酵《はっこう》するまでにはさらに紆《う》余曲折《よきょくせつ》があり、衝突もあった。

「ひとつのセリフがきまらない。すると、その日はそれでおしまいにして、二、三日仕事の話はしません。母が散歩に連れ出したり、お酒をのんで話なんかしてる。(中略)そのうち、どちらからともなく『あのセリフ、こうしたらどうでしょうね』と言いだす。それでまた仕事にもどるのだけど、あの妥協のなさというものは、ほんとうにすごいなあという気がしましたね」(『考える人』平成十五年冬号)

こう語るのは、二人の仕事ぶりを間近に見た野田の長女で、立原《たちはら》りゅうのペンネームで脚本家としても活躍した山内玲子《やまのうちれいこ》。小津と野田の「和して同ぜず」「連帯を求めて孤立を恐れず」の関係が気持ちいい。

もちろん、小津は俳優やスタッフとの間に和を築くことにも腐心した。多くの俳優をがんじがらめにした厳粛な撮影もひとたび終われば、そんなことはまるでなかったかのように、ともに楽しく飲んで食べた。飲食は集団親和の強力な手段である。しかも小津は自ら率先して道化を演じ、これは新人監督の頃から変わらない。

「燈火《とうか》管制がはじまった戦前の夏の潮来《いたこ》ロケの一夜、黒の遮蔽幕《しゃへいまく》をめぐらした料亭の大広間でスタッフ慰労宴が催された時の話。円陣をつくって『おけさ』を踊りまくっている一同の中にまじった小津さんの浴衣《ゆかた》姿が、良寛《りょうかん》和尚《おしょう》が無心に子供たちと遊ぶ童画のように、今でもありありと浮かんでくる」（『小津安二郎・人と仕事』）

初期の小津映画に出演した俳優、河原侃二《かんじ》の回顧談である。

戦後の小津は、撮影は五時終了が原則。しかし撮影所スタッフの給料は安く、残業を重ねることでなんとか生活を維持していた。だから、小津組の撮影に二か月、三か月と参加するとなると、その先には生活苦が待っていた。それでも小津の映画に加わるためにあらかじめ貯金をしたスタッフもいたという。小津の人望だろうか。

笠智衆の「〝小津一家〟という感じがありました。清水《しみず》の次郎長《じろちょう》一家みたいなもんです」（『大船日記 小津安二郎先生の思い出』）という言葉が小津組ならではの結束力を感じさせる。

ところで、クセである。本人が言うように本当にクセらしいクセはなかったのか。

いろいろ探して本を読むうち、田中眞澄《まさすみ》の『小津安二郎周游《しゅうゆう》』に意外なクセについて触れられていた。小津が爪を噛みすぎて肉まで食べ、左手親指に包帯を巻いていたという話が『松竹』一九四九年十一月号にあり、見つけた田中も「とまどいを禁じえない」と書いている。

田中によると、ほかでは読んだことも聞いたこともないという。事実とすれば、小津の繊細で、傷つきやすい一面を垣間《かいま》見る気がする。

小津の言葉 5

あいつは実に映画の鬼だと言うが、ぼくは映画の鬼はあまり尊敬せん。

（『シナリオ』昭和三十年六月号）

戦後の小津組の撮影は決まって五時で終了した。そのあとは一杯やるための時間だからだ。日曜日も休むのが基本原則。仕事には全神経を集中して挑むが、ふだんの暮らしも徹底して楽しむというのが小津の流儀である。

しかし、若い頃は徹夜もしたし、三十一歳の日記には「俺に一番大切なのは『俺』だ。『俺』のなかの一番上座《かみざ》に据えられているものは『仕事』だ」という里《さと》見弴《みとん》の言葉をわざわざ記している。そんな映画に賭ける熱い想いは晩年も変わっていなかったはずだ。

小津はインタビューで趣味らしい趣味はないと語っている。本を読むことも酒を飲んでの談論風発も贔屓《ひいき》の料理屋に通うことも、すべては映画とつながっていた。日々の暮らしが映画の豊かさにもつながると考えたのだ。それが「映画の鬼は尊敬せん」の言葉に表れている。つまり映画は仕事であり、同時に趣味でもあったのだ。

これはイチローの「野球は限りなく趣味に近い」という考え方に似ている。仕事と思うより、好きなことだと思うから「もっと何かがある」気持ちになれるというのだ。

「野球は、自分がこれまでの時間を費やしてきて、一番自信があって、これで勝負しているんだと思えるもの。今は、その野球の技術だけでなく精神的に一段上に行くチャンスだと思っている」(小西慶三『イチローの流儀』)

野球を映画に置き換えれば、小津がいかにも口にしそうな言葉である。

小津の言葉 6

巧いのが身についちゃ

いかんのじゃないかね。巧いというものは離れているのだからね。そのものの本質からね。

（『映画ファン』昭和十四年十一月号）

「熱演」「力演」といった評価は小津の映画に出ている役者にはまず当てはまらない。一番遠い形容かもしれない。むしろ演技から「熱」や「力」を取り去ってしまうのが小津演出の真価と言えるだろう。だから、小津の映画を見て、「頑張りました」「役づくりに苦労しました」という役者の熱量を感じることはほとんどない。

小津にとっては役者の感情表現の巧拙《こうせつ》など問題ではなかった。セリフや表情だけの器用な芝居をもっとも嫌った。

「つまり人間だな。人間が出て来なければダメだ。これはあらゆる芸術の宿命だと思うんだ。感情が出せても、人間が出なければいけない。表情が百パーセントに出せても、性格表現は出来ない。極端にいえば、むしろ表情は、性格表現のジャマになるといえると思うんだ」(『キネマ旬報』昭和二十二年十二月号)

撮影の前日には必ず本の読み合わせが行われるのだが、これがまた独特。最初に小津自らシナリオを読み(役者顔負けのうまさだったという)、出演者はそれとまったく同じようにセリフを言わなければいけない。しかも、「半音上げて」「半音下げて」とイントネーションまで細かく指示されるため、この段階で個々の役者特有の感情表現や芝居のクセのようなものはかなり消されてしまう。

ある役者に聞いた話では、役づくりだからとセリフを自分の言いやすいように変えるのは楽なんだそうである。どんなに言いにくくても、シナリオ通りにセリフを読むところに芝居の醍醐味もある。そうでなければ、顔も声も同じなのだから、どんな役を演じても同じ個性になってしまう。もっともな話である。

小津映画の撮影が行われるスタジオ内は咳払《せきばら》いをするのも遠慮しなければいけないほど、緊張した静けさだった。初めて小津の映画に参加する役者の緊張は察しがつく。小津が自分でカメラの位置を決め、レンズを覗きながら、たとえば箸の上げ下げについて一センチ単位で芝居をつけるのだからたいへんである。

『東京暮色』に出演した有馬稲子は「小津体験は禅体験だった」と語る。

「あれだけ小津先生の映画に出演なさっていた原節子さんでもちょっと振り返るだけのところを何度もテストされている。『えっ！　原さんであれだけやられるんだから、わたしはもう大変だ』とカッカしちゃって、顔が痙攣《けいれん》しちゃって。だから演技したという印象がないですね。小津組というのはいいオブジェになるということだから。『行くの？』と訊《たず》ねる場面でも音程が高いだの低いだので『行くの？』だけで百回以上やるんですよ。そのうちなんだか分からなくなっちゃう。わたしにとって小津組は禅の道場に行ってるみたいでした」（『東京人』平成十五年十月号）

『秋刀魚の味』でヒロインを演じた岩下志麻も頭のなかが真っ白になった。

「もっとも大変だったのが、ミシンの前に座って失恋の哀しみを巻尺を使って表すシーン。巻尺を右に何回まわしてまばたきをして、次に左に何回まわしてため息をつく、という細かい注文が出されたのですが、気持ちと動作がバラバラになっていたんでしょう。何回やってもOKが出ない。NGが八十回くらいにもなりました。どこが悪いか、自分では分からない。小津先生は『もう一回』『もう一回』とおっしゃるだけ。私はもうコチコチになってしまいました」（『小津安二郎 新発見』）

どれがOKで、どれがNGかは、もちろん、小津にしか分からない。

小津にはすでに完成した映画が見えていたのだろうし、そこに必要な、感情表現のもっと奥にある「人間」が出てくるのをじっと待ち続けたに違いない。

だから、役者の役に対する過剰な思い入れや余計な解釈など必要のないものは削《そ》ぎ落とした。つまり、役者が役を演じるために費やした苦労を消し去ることが小津の演出だったのである。

それにしても、声を荒らげるわけでもなく、ただ「もう一回」、「もう一回」と繰り返した小津の執念はすごい。

小津の言葉 7

広い意味じゃ、惚れないといい仕事ができないですね。こっちも惚れるかわり、むこうにもやはり惚れてもらわないと……。

（『週刊明星』昭和三十四年三月二十二日号）

小津は仏教でいう拈華微笑《ねんげみしょう》、つまり言葉を交わさなくても心と心が通じ合えるような関係が監督と女優にとっては望ましいと言う。小津は言及していないが、拈華微笑の関係になる過程で両者の間に特別な恋愛感情が生まれても不思議ではない。むしろそのほうが自然である。

実際、監督と女優が恋愛どころか、結婚に至るケースは多い。たとえば、小津の松竹の後輩である吉田喜重《よししげ》は岡田茉莉子《まりこ》と、篠田正浩は岩下志麻と、大島渚は小山明子と結婚している。岡田茉莉子と岩下志麻は小津映画のヒロインでもあった。

海外には、ロジェ・ヴァディムのような華麗なる恋愛遍歴の監督もいる。最初の結婚相手はまだ十八歳だったブリジット・バルドー。五年後に離婚すると、二度目の結婚・離婚をはさんで、やはり十代だったカトリーヌ・ドヌーヴと交際し、籍を入れないまま一男をもうけた。その後、二十七歳のジェーン・フォンダと結ばれ、離婚。さらに衣装デザイナーとの結婚・離婚を経て、六十二歳のときには当時四十六歳だった女優のマリー＝クリスティーヌ・バローと五度目の結婚をした。

さすがにヴァディムは別格として、小津のように豪華絢爛《けんらん》たるスター女優に囲まれながら一度も結婚しなかったのも珍しいと言えば、珍しいのかもしれない。だから、独身についてずっとあれこれ言われ、詮索《せんさく》されたのだろう。それは没後六十年以上経った今も続いている。

小津と女優の関係については田中絹代が、小津の没後に小津映画の出演俳優が集まって行われた座談会でかなり突っ込んだ発言をしている。

「これはどの監督でも共通な心境だと思うのですけど、自分の組に出ているスター女優には全部ラブですね。それを私たち女優が変にはき違えると大変なことになります。

（中略）ほかの人と口をきいても気に入らない。これは小津先生に限らず、巨匠格の人は大なり小なりそういうことがあるんじゃないでしょうか。主演女優を愛さないと全然そこに潤《うるお》いが出てこないものだということ。

その一番代表みたいなのが小津先生です。ですから本当に私を愛して下さっているものだと私だって一時はき違えて、結婚してもいいという気持ちにもなりました。だけど撮影期間中だけ。終わったらバイバイ」（『小津安二郎・人と仕事』）

小津自身も田中絹代の言葉を裏付けるかのような発言をしている。

「女優なんてのはねキミ。ありゃぼくからみりゃ仕事の材料でね。道具とおんなじさ。ただ見てるだけの話で、いちいち恋こがれてた日にゃァ仕事にならない」

（『週刊読売』昭和三十二年四月七日号）

しかし、これは虚勢にも聞こえる。照れ屋であるのは衆目《しゅうもく》の認めるところ。女優の顔を正面から撮影するときにしばらく女優と目線が合うと、小津の顔は真っ赤になったと言われる。この純情がますます女優をその気にさせたのかもしれない。

たとえ仕事の道具と考えていたにせよ、小津の女優を見る目は確かだった。小津映画の楽しみの一つはまちがいなく女優を見ることである。

原節子、田中絹代、桑野通子《みちこ》、木暮実千代《こぐれみちよ》、東山千栄子《ちえこ》、杉村春子、山田五十鈴《いすず》、淡島千景、岸惠子、久我美子《よしこ》、山本富士子、有馬稲子、三宅邦子、司《つかさ》葉子、若尾文子《あやこ》、岡田茉莉子、岩下志麻、香川京子、岸田今日子……。

「日本の最高の芸術は象牙細工でも陶器でも漆器でもなく、日本の女性である」と礼賛したラフカディオ・ハーンの主張は小津の映画が証明している。

しかも小津の映画では若い女優だけが輝いているわけではない。若さは美しさの要素であっても、美しさは若さとイコールではない。美しさは若さを超えた人生の豊かさを含むものだと小津は言いたかったはずだ。

小津の言葉 8

そんな矛盾なら誰にだってある。
ないのは神様だけだ。
人生は矛盾だらけなんだ。誰だってそうなんだ。
だから矛盾の総和が人生だと言った
学者だってある。
お前だってそうじゃないか。
矛盾だらけじゃないか。

『彼岸花』昭和三十三年

映画に出てくる父親の典型といえば、ジョン・フォード。頑固で厳格、常識的な人物と相場は決まっている。その反対の立場にあるのがおじさんで、こちらは子どもにとって不思議な存在であったり、剽軽《ひょうきん》で、無責任で自由気ままなタイプが多い。

不思議なおじさんの典型がジャック・タチ監督・主演作『ぼくの伯父《おじ》さん』のユロ氏だろうか。もう少し現実的で、身近なおじさんが『男はつらいよ』シリーズの寅さんだ。とくに渥美清の高齢化とともに自身の恋愛からは一歩引いて、甥《おい》の満男の恋の指南に力を発揮し始めて以降の寅さんである。

父親には悩みを打ち明けられない満男も、寅さんには何でも相談する。「人は何のために生きるのか」「何のために勉強するのか」「幸せとは何なのか」と哲学的命題を何度もぶつけた。それを当意即妙の言葉で受け答えして、悩める満男のくさくさした日常に涼やかな風穴を開けてくれる。

「困ったことがあったら、風に向かって俺の名を呼べ。どっからでも飛んできてやっから」(『男はつらいよ　寅次郎の休日』)

ここまでくればもう理想のおじさんである。

もちろん、誰もが風来坊の寅さんになれるわけではないが、世の父親の誰もが「おじさん」的な側面は備えている。自分の子どもは客観的には見られなくても、友人・知人の子どもには案外、寛容な態度で冷静なアドバイスができるものだ。


『彼岸花』の佐分利信がそうである。

適齢期の娘（有馬稲子）についてボーイフレンドでもあれば心配しないと口にしながら、いざ好きな男が現れると断固反対の姿勢を貫く。一方で、知り合いの娘（山本富士子）から、好きな男性がいるのに母（浪花《なにわ》千栄子）が縁談を勝手に進めるのが嫌で家出してきたと泣きつかれると、自分の娘に対するのとは反対の主張をする。

「お母ちゃんの言うことなんて聞くことないよ」

家出は山本富士子が有馬稲子のために打った芝居で、佐分利はまんまと娘の結婚承諾の言質《げんち》を取られてしまう。つまり『彼岸花』は佐分利を軸に見れば、「父」と「おじさん」の間で揺れる、男の弱さや狭量《きょうりょう》を描いた物語なのである。

その弱さは妻との衝突でさらに明らかになる。結婚など許した覚えはないし、式にも出ないと駄々《だだ》をこねる夫と田中絹代演じる妻がついには衝突。田中が佐分利の矛盾だらけの態度を痛烈に批判すると、田中に理屈では勝てそうにない佐分利の口から飛び出すのが「矛盾の総和が人生だ」という開き直りの言葉である。

貞淑で控えめだが、いざとなると芯の強さを発揮する田中絹代と、頑固一徹、老いた駄々っ子のような佐分利信のコンビが息の合ったところを見せ、二人の舌戦が楽しい。結局、夫は妻の手のひらの上で……という着地点への語り口にも淀《よど》みがない。

問題作と言われた『東京暮色』の次に、誰もが安心して見られる〝小津調〟ホームドラマへと回帰してしまったことへの物足りなさを指摘する声もあるが、この明るさや華やかさは小津の初カラー作品にふさわしい。

佐分利信、田中絹代、山本富士子、有馬稲子、久我美子、桑野みゆき、佐田啓二と、この時代を代表する美男美女を揃えたキャストの豪華さも話題になり、興行的には大ヒットした。公私ともに親しくなり、小津が結婚式の仲人まで務めた二枚目俳優、佐田啓二はこれが小津組初参加である。

女優陣では有馬、久我がどちらかと言えば「陰」の印象がするなかで、大映から迎え入れた山本富士子の「陽」がキラキラ輝いている。

テンポのいい京言葉で〝おじさま〟佐分利を翻弄《ほんろう》し、膠着《こうちゃく》状態に揺さぶりをかける姿は、『淑女は何を忘れたか』で大阪弁の桑野通子が〝おじさま〟斎藤達雄を振り回したのとそっくりだ。

『彼岸花』の二年後に公開された『秋日和』で〝おじさま〟三人組をやりこめる岡田茉莉子は東京っ子の設定だが、実家の寿司屋は話の位置関係から西の郊外と推察できる。小津の映画では、小さな嵐は西の方角からやってくる。

小津の言葉 9

酒はほどほど　仕事もほどほど
余命いくバくもなしと知るべし
酒ハ緩慢なる自殺と知るべし

（田中眞澄編『全日記 小津安二郎』）

亡くなる二年前、昭和三十六年の日記に年頭所感として書かれた言葉である。飲み過ぎが体を蝕《むしば》んでいることをはっきり自覚していたのだ。

似たような言葉が日記に何度か出てくる。まず昭和二十八年の元旦。

「今年は大酒を慎しまう　いい仕事をすべし　映画も大いに見よう

あまり欲を出さぬこと　身体を大事にすること」

昭和二十八年は代表作となる『東京物語』を撮った年だということを知って読むと、映画に賭ける強い決意が感じられる。

この六年後、昭和三十四年の日記の一月一日のメモにも同様の記述がある。

「酒もほどほどに呑むべし

仕事もほどほど　昼寝もほどほど　余生いくばくもなしと知るべし」

飲み過ぎが体によくないことは小津も重々承知だった。

しかし、酒をほどほどにした形跡はなく、生涯にわたって飲み続けた。昭和三十八年、頸部《けいぶ》のリンパ腺が腫れたため手術を行い、一か月入院したときも、病室まで取材にきた記者を相手に意気軒昂《けんこう》に語っている。

「酒を十日間もやめたなんてここ数十年ないことなんで、それがこたえたよ。でもきょうあたりから少し飲んでいいそうだから——。ボクは昔から食事はあまりやらないで、お酒で栄養つけてるもんだから、酒を飲めないとなると実際こたえるんだ」（『スポーツニッポン』昭和三十八年四月二十九日）

小津の酒のエピソードで有名なのは、一本のシナリオが完成するまでに三か月から四か月かかり、この間に百本近い一升瓶が空いたというもの。小津と共同で脚本を執筆した野田高梧による話である。小津は一升瓶に一、二、三と番号を振る習慣があり、「やっと八十本か、まだ完成しないな」と笑うこともあったらしい。

小津本人によると、一升瓶の数はもう少し減る。

「『東京物語』のときは四十七本、『宗方姉妹』のときは七十本だった」

しかし、飲むのは日本酒だけではない。ウィスキーも飲む。ビールも飲む。そして、撮影に入ってからも飲み続ける。

昭和三十四年、大映製作の『浮草』で初めて組んだカメラマンの宮川一夫によれば、毎朝、撮影現場に出かける前にグラスにウィスキーを半分注いで一気に飲み干した。昼食は黒ビールに生卵二つを入れて飲むだけ。「それでは身体に悪い」と周囲が心配し、撮影後半は食事をとるようになったという。夜は夜で当然のごとく飲む。宿に帰ると、小津の後を仲居がビールをお盆に載せてついていった。

そんな小津との仕事は、下戸の宮川にとってもすこぶる楽しいものだった。

「お酒の好きな監督さんの場合は、その時の飲み方で、その日の撮影がうまくいったかどうかよくわかります。小津さんも、思い通りにいけた時は、本当においしそうに飲んでおられました。

毎日が楽しい。あんな楽しい雰囲気を自然に作れる監督を他に知りません。しかも思いやりがある。クランク・インするとすぐ、スタッフ全員の名前を覚えてしまったのは驚きでした」(宮川一夫『キャメラマン一代』)

小津が好んだ日本酒は蓼科の地酒「ダイヤ菊」。日記に「まことに豊醇《ほうじゅん》、天の美禄《びろく》たり。いささか鄙《ひな》びたる味ありて、一盞《いっさん》傾けるに羽化登仙《うかとうせん》、二盞、三盞、深《しん》酌《しゃく》高唱に至る」と記している。燗で飲むのが好みで、温度は五十五度と決めていた。

飲み方は三上真一郎の『巨匠とチンピラ』によれば、小津映画の笠智衆にそっくりだったようだ。

一滴も酒を飲めない笠が小津の飲み方を観察し、酔いを演じたのである。

そんなことを知った上で『秋刀魚の味』を見るといい。ああ、こんなに気持ちよさそうに、こんなに寂しそうに酒を飲んでいたのかと、目の前に小津がいるような気分になってくる。

小津の言葉　10

人生ではしばしば偶然が大きな役割を果します——といったところで、

せいぜい不味いメロドラマの助太刀をしていることにしかならないが――人生の必然は退屈だよ　ねえ　君

（『小津安二郎・人と仕事』）

「ねえ、君」の問いに「ハイ、そうかもしれません」と、今のぼくなら答えるだろう。

人生とは何度も大きな偶然が生じて、何かが劇的に変わっていくわけではない。人は朝起きて、夜寝るまで毎日だいたい同じようなことを繰り返しながら、少しずつ年齢を重ねていく。退屈といえば、退屈なのかもしれない。

小津の映画でも劇的な事件や出来事が度々《たびたび》起こるような人生は描かれない。日々の繰り返しや退屈な日常が淡々と描かれることが多い。役者の演技も大げさな身振り手振りは少なく、日常のさりげない会話のレベルを超えるセリフがやりとりされることはまれだ。

映画監督の吉田喜重は自著『小津安二郎の反映画』で、小津の映画は「反復とずれ」によって成り立ち、そこに親子関係の変化を描いていると論及した。確かに小津の映画は反復を描きながら、少しずつずれていく。ずれとは微妙な変化であり、ゆるやかな崩壊であり、忍び寄る老いでもある。つまり、ずれていく先に待っているのは別れや死といった人が避けて通ることのできない出来事である。

ずれに気づかず、退屈な日常を反復しているうちは、人は幸せなのだろう。しかし、ずれはある日、われわれの前に必ずはっきりとした姿を現す。そんな残酷な人生に耐えながら人は生きていくしかないのだ。小津の映画はそう語っている。

小津の言葉 11

道楽というと、ぼくはヒル寝ですよ。

（『映画旬刊』昭和三十一年三月上旬号）

小津はとにかく昼寝の好きな人であった。

健康法を尋ねられれば、「適当に運動し、適当に酒を飲みうまいものを食って、よく寝る。無理をしないでね」(『アサヒ芸能新聞』昭和二十七年六月二十二日)と答え、映画を撮る喜びを問われれば、「一本終わって『ああ、あしたから、まいにち昼寝ができるな』と思う。これがぼくには大きな魅力ですね」(『週刊明星』昭和三十四年三月二十二日号)と、冗談まじりに語っている。日記を読んでも「昼寝 それから入浴」「朝酌 昼寝」「ひねもす ひるね」といった記述に幾度もあたる。

昼寝、いいなあと、あらためて思う。

小学生の頃の夏休み、外で遊んで帰ってきて、スイカや茹でたトウモロコシを食べて畳にごろんとなって寝たのを思い出す。大人になっても、明け方まで飲んで短い睡眠をとったのち、軽く食べて風呂に入る。それからまた少し寝るのは至福のときである。こんなことは年に何度もあるわけではないけれど。

今風に言えばシエスタ。日本にもラテン諸国のような午睡《ごすい》の習慣があってもいいんじゃないだろうか。小津がそうであったように、案外いい仕事ができそうな気がする。

小津の言葉 12

「たまにゃ、変ったものを作ったらどうだい」
という人もいるが
ボクは「豆腐屋」だといってやるんです。
「豆腐屋」に「カレー」だの
「とんかつ」作れったって、
うまいものが出来るはずがない。

（『読売グラフ』昭和三十年六月七日号）

自分の作風を変えないことについて小津は「オレは豆腐屋だから」と繰り返した。

そんな小津の豆腐屋宣言に対し、ぼくは詩人のアーサー・ビナードが日本にやってきた理由をつい連想する。表意文字である漢字に興味を持った彼は「その国の料理が口に合えば言葉も口に合う」という理屈で、マンハッタンの日本料理店に行った。そこで生まれて初めて冷奴《ひややっこ》を食べ、「こいつは毎日食べたい!」と、東京行きを決意したのだという。小津が褒められたようで、妙に嬉しかった。

一般に小津は庶民のホームドラマばかり撮ったように思われがちだが、戦前、とくに監督初期は青春映画や喜劇、ハードボイルドな犯罪映画などモダンな作品を多数撮っている。豆腐(つまりホームドラマ)専門となったのは『一人息子』あたりからだ。

それと、厳密に言うと豆腐は料理というより食材だ。カレーやとんかつと比較するなら、ぼくは小津の映画は豆腐を使った伝統的な和食、もっと範囲を狭くすれば精進料理にたとえるべきではないかと考える。

精進料理は焼肉やステーキのように ガツンと身体に活力を与える料理ではないし、フランス料理のような豪華さもない。質素に見えるが、淡い出汁《だし》の力を借り、身近な素材を生かした一品一品の微妙な味は奥が深く、飽きることがない。役者の演技の巧拙より人柄をスクリーンに焼き付けた小津映画の味わいと似ている。

小津の言葉 13

蟻を見るたびに感心する。
よくも精を出して働くもので、
一匹ぐらい石ころの蔭で昼寝をしていても
よさそうなものだが、とんと見当たらない。
そこにゆくと人間は有難い。
程々に生きることも勝手だ。
どう生れ変っても蟻だけには生れたくないものだ。

（『文藝春秋』昭和三十三年十一月号）

イソップ童話の『アリとキリギリス』に倣《なら》えば、小津はキリギリス派だろう。映画監督として文学、絵画などの文化に幅広く、奥深く親しめば、アリよりキリギリスの道を歩むことになるのは当然かもしれない。そして、アリには見えない、つまりキリギリスにしか見えない社会や人生だってある。

もともとイソップは古代ギリシャの奴隷の出身で、彼が話す寓話はご主人様にとって都合のよい、がまんやあきらめを強いる教訓話がほとんどだ。

誰に聞いたか忘れたけれど、企業から見て労働力としてありがたいのはまず通勤時間が短いエリアに住む人。通勤にかかる費用は少なく、疲労やストレスも少ないから病気にもなりにくい。さらに服装や趣味に他人との差が少ないこと。ライフスタイルの均一化である。そうすれば流行やブームは起こりやすく、大量生産してモノを売るには好都合。効率的なのである。ファストフード、ファストファッション……。ライフスタイルの多様化はコストがかかるから、実は好ましくないという。

こう考えると、現代は小津が好まないアリ型社会かもしれない。

ただし、アリの名誉のためにつけ加えると、巣穴には仕事をサボり、何もしないアリが二割くらいはいるらしい。いざというときの余剰メンバーで、結果的には一生何もしないアリもいる。無駄や多様性の意義について考えさせられる話だ。

小津の言葉 14

世の中なんて、みんなが寄ってたかって複雑にしてるんだな、案外簡単なものなのにさ。

『秋日和』昭和三十五年

『晩春』で笠智衆が演じた役どころを原節子に置き換えた、いわばセルフリメイクのような作品が『秋日和』である。

『晩春』の公開から十一年。「妻を亡くした父と一人娘の物語」は「未亡人と一人娘の物語」となり、小津は『晩春』で嫁いでいく娘役だった原節子に、今度は未亡人を演じさせた。まるで『晩春』のその後（つまり嫁いだ原は夫を亡くし、必ずしも結婚の幸福を手に入れたわけではなかった）が描かれているような残酷さがあるわけだが、こうした作品間の連続性も小津映画を見る楽しみである。

法要で始まり、結婚式で終わるという展開も、時が移ろう無常観を儀式を通じて描き続けた小津らしい。

亡き父の七回忌法要で母娘が顔を合わせるのは、父の大学時代の親友三人組（佐分利信、中村伸郎、北竜二）。三人は二十四歳になった娘（司葉子）の縁談の世話をすると約束するのだが、お目当ては学生時代に三人全員のマドンナだった母のほう。なんとか歓心を買い、会う口実をつくりたいといったところだ。このとき原節子は四十歳で、適齢期の娘の母親役には少し若い気もするが、三人が今も胸ときめかせる未亡人という設定を納得させるのに十分過ぎる美貌である。

三人組は娘に結婚を決心させるには、まず母親の再婚が先だと考え、三人のなかで唯一やもめ暮らしをしている北竜二と再婚させようと画策する。ここから先の北竜二のやや鼻の下を伸ばした芝居、そのトボけた味が笑わせる。

さらに、初老三人組に対抗するように登場する司葉子の親友役、岡田茉莉子の潑剌《はつらつ》とした演技はこの映画の最大の見どころ。三人組の企《たくら》みのせいで母と娘の間に誤解が生じていることを知り、単身、彼らのそれぞれの職場に殴り込みをかけ、相手を圧倒するクライマックスは痛快だ。

これが小津作品初の出演となった岡田茉莉子は、夭逝《ようせい》した戦前の二枚目俳優、岡田時彦の忘れ形見。岡田時彦は『淑女と髯《ひげ》』をはじめ数多くの小津映画に出演した。小津は娘の茉莉子も大いに気に入り、遺作の『秋刀魚の味』にもやはりコメディリリーフ的役回りで起用している。

物語は母に再婚の意思などないことが明らかとなり、娘もそれを理解した上で好きな相手（佐田啓二）のもとへ嫁いでいく。母が一人になってしまった孤独をしみじみと感じる最後は『晩春』と同じである。

それでもラストシーンに『晩春』ほどの人生の悲哀が感じられないのは、小津が円熟の語り口のなかにそれを包み隠したと言うべきか。小津が五十六歳のときの作品である。老いの孤独という現実は小津にとって『晩春』の頃よりずっと切実になっていたはずだが、それをまだ真正面から描こうとはしていない。

『秋日和』の主役は原節子と司葉子ではなく、佐分利信、中村伸郎、北竜二の三人だろう。彼らは小津とは同世代で、お金も社会的地位も得ているがリタイアも近い。その三人が退屈な日常をもてあまし、遊びに興じる。遊びとは今は亡き親友の妻とその娘をともに結婚させてしまうことで、これが退屈な日常にがぜん生気を取り戻させる。

「世の中なんて、みんなが寄ってたかって複雑にしてるんだな、案外簡単なものなのにさ」とはラスト近くで佐分利が中村や北を前に吐くセリフだが、簡単なものを複雑にして、それをゲームのように楽しんだのは本人たちだ。その面白さが忘れられないから、「これでもうおしまいと思うと、淋しいね」と、悪乗りはまだ続く気配である。

老いていく孤独よりも、老いることの退屈をテーマにしたのが『秋日和』の正体だとぼくは思っている。

昭和二十七年に鎌倉に移り住んだ小津は作家の里見弴、大佛《おさらぎ》次郎ら鎌倉文人や、財界の黒幕であり趣味人でもあった菅原通済《つうさい》（『秋日和』をはじめ小津映画には脇役で七作に出演）らと交際を深め、それが映画にも反映されるようになった。親友（いや悪友か）三人組のモデルについて、司葉子は「あれは小津先生、野田高梧先生、里見弴先生なんでしょうね」（『東京人』平成十五年十月号）と語っている。

小津の言葉 15

とにかくスタイルというのがスタイルとして目についてはいかぬと思う。だが僕は不幸にして持っております。

（『キネマ旬報』昭和十年四月一日号）

小津がまだ三十一歳、何人かの映画評論家と座談をしたときの発言である。作品キャリアで見ると、この年公開されたのが小津にとって最後のサイレント映画『東京の宿』。翌年には自身初のトーキー映画『一人息子』が公開されている。

すでに小津の代名詞でもある、低い位置にカメラを置いたロー・ポジションの撮影方法は確立されており、自ら認めるように明確なスタイルを持った映画監督だった。なお、小津はこの座談会で「自分で出来たスタイルでなければ駄目《だめ》です。或《あ》る映画を見て、俺もあれでいこうというのでは駄目でしょう」とも語っている。模倣はダメ、そして自分には模倣でないオリジナルのスタイルがあるという自信がうかがえる。

よく知られるように、ロー・ポジション以外にも小津には独特のスタイルがある。

説明的なセリフはほとんどなく、短い会話を積み重ねることでストーリーを紡ぐシナリオ。役者の芝居より構図の美しさを重視した画《え》づくり。場面転換の際にオーバーラップやフェードイン、フェードアウトを使わず、実景をいくつか重ねる手法。人物の正面アップの切り返しでリズミカルにつなげられる対話シーン……。

もっと細かい例を挙げれば、会話場面のセリフとセリフの間《ま》はすべて統一されていた。編集の浦岡敬一によると「Aの人物が話し終わって十コマ間が空き、次の人物が話すまでに六コマ間が空く」（『小津安二郎 新発見』）。映画のフィルムは一秒二十四コマで記録されるため、会話と会話の間は必ず十コマ＋六コマ分で十六コマ、つまり三分の二秒間空くことになる。これが小津映画の独特のリズムをつくっている。

こうしたスタイルを小津は長い年月をかけて洗練させ、完成させた。

似たような話ばかり映画にしたと小津を批判する人は少なくない。ぼくはそう思わないけれど、仮に似たような話だとしても、これを繰り返し見ても少しも飽きない、いやそれどころか病みつきになるのは、小津の映画には小津にしかない魅力的なスタイルがあるからだ。マンネリをマンネリと感じさせないスタイルの独創性に、今も世界中のファンが惹きつけられるのだろう。テーマやメッセージは時代の枠からなかなか逃れられないが、スタイルは軽々と時代を超えてしまうらしい。

たとえば『東京物語』は何度かテレビや映画でリメイクされたが、どれも面白くない理由はスタイルの欠如にある。小津はスタイルもまた明確なメッセージなのだと教えてくれる。

小津は映画だけでなく、着るものにも歴然としたスタイルがあった。

たとえば撮影のときの白のピケ帽、白のワイシャツ、チャコールグレーのスラックスというい で立ち。白のピケ帽はトレードマークで一度に一ダース以上発注した。

「白は清潔だし、登山帽は汗の流れるのをとめてくれる。それにしまうのも簡便だ」(『スポーツニッポン』昭和三十五年七月十三日)

外出時のスーツはチャコールグレーの三つ揃い。これにソフト帽を加えた着こなしは格調高き英国紳士である。

晩年の小津映画に出演し、「真公」の呼び名で愛された三上真一郎はエッセイ『巨匠とチンピラ』に、鎌倉の小津邸の洋服ダンスのなかに同じグレーの三つ揃いスーツがズラッと並んでいるのを見て「脳天にガーンときた」驚きを書いている。

どれもオーダーメイドであるため、色の濃淡や織りなど微妙に違っていたようだが、なんとも小津らしい光景だ。小津の審美眼と見識がたどり着いたのがグレーの三つ揃いだったのである。

自己表現だからと言ってファッションに力が入りすぎるのは恥ずかしい。流行やブランドを意識しすぎるのも嫌だ。小津の服装はそこを巧みにすり抜けている。キーワードは「白」と「清潔」だと思うのだが、それは自分をどう見せるかよりも、他人という鏡に自分がどう映るかを考えてのことだった気がする。他人への心遣いが小津のスタイルの基本にあり、小津映画の登場人物の服装も清潔感という点で一貫している。

小津の映画を見、小津関連の本を読んでいつも思うのは「自分のスタイルを持ちたい」ということだ。自由気ままな楽ちんではなく、ときには自分の手足を縛るスタイルを仕事にも服装にも持ち合わせていたい。

小津の言葉 16

こんないやなツラ、落ちりゃいいと思ったのに、当選しちゃったのもいる。ツラの良くない奴に、いい政治はできませんよ。

（『毎日グラフ』昭和三十三年七月十三日号）

小津の政治に対する発言はあまり残っていない。これは『フクちゃん』で知られる漫画家・横山隆一との対談で、男の年齢と顔について話しながら出た発言。横山が「小津ちゃんが、そんなに政治に関心があるとは思わなかった」と驚くと、小津は楽しそうに応じている。

「大ありですよ。どうせ、だれがやっても同じなら、ツラのいいほうがいい」

政治家も役者も大衆に顔を見られる職業である。顔の持つ力は大きいし、顔には人柄や内面が出る。そして、映画監督にとって役者の顔を判断するのは大事な仕事である。半分冗談だとしても「政治家もツラ」の言葉には説得力がある。

顔は変わる。年とともに良くなる人も、逆の人もいる。小津映画の笠智衆は前者の典型で、十年以上も大部屋俳優であった笠は小津の作品に起用されて以来、どんどんいい顔になっていった。誠実そうで愚直。滋味あふれるあの顔が『晩春』以降の小津映画のトレードマークである。ただし、政治家には向いていない。

小津映画の常連俳優で政治家にふさわしい顔と言ったら、佐分利信だろうか。やわな二枚目ではない。威風や貫禄を備え、何より信頼できそうである。この「信頼できそうな顔」こそ政治家に必要な顔だと思うのだが、小津が生きた時代も、そんな顔の政治家は少なかったに違いない。

小津の言葉 17

金の苦労はいやだが、色の苦労はいくつになっても仕甲斐があるっていうから、ぼくもその気でやるよ。

（『毎日グラフ』昭和三十三年七月十三日号）

この発言における「色」は色恋や色事の「色」ではない。色彩のことである。小津のカラー作品は昭和三十三年の『彼岸花』が最初で、日本初のカラー作品『カルメン故郷に帰る』（木下惠介監督）からは七年目とずいぶん遅い。しかし、その色使いは大胆で、カラー作品が六作しかないのがなんとも惜しい。

小津が好んだ色は赤、黄、黒。『彼岸花』では赤いやかんが主人公一家の居間の色彩設計のポイントとなっているうえ、カットによって微妙に移動しているのは有名な話。前後の画面のつながりより、画面のなかの美的秩序を優先した小津ならではの演出である。

また、小津はドイツのアグファカラーのフィルムを使ったことでも知られる。赤の発色のバランスをとるのに苦労し、今見ると画面全体がオレンジがかっているのだが、それが懐かしい昭和の匂いとでもいうのか、独特の温かみと渋みになっている。

カラーになっても小津の流儀は少しも変わらない。

「嫌いな色は入れない。カラーだからいろんな色を入れるんじゃなくて、カラーだから色を省いてやろう、色を削る方の精神だ。色があって、色がないかの如く、色がないようにしてどこかにある。色即是空《しきそくぜくう》、空即是色《くうそくぜしき》。昔の坊主はうまいことを云った。こんな坊主にカラーを撮らせたら面白かったろう（笑）、と云うことだ」（『キネマ旬報』昭和三十三年八月下旬号）

小津の言葉 18

日本的なものが、大きなことを云えば一番世界的に通用するもんなんだ。

（『キネマ旬報』昭和三十三年八月下旬号）

初めて海外で評価された日本映画は黒澤明が大映で撮った『羅生門』である。昭和二十六年にヴェネツィア映画祭の金獅子賞に選ばれたが、驚くことに関係者は一人も現地の授賞式に出席していなかった。受賞するとは誰も思っておらず、黒澤に至っては自分の作品が映画祭に出品されたことさえ知らなかったのだ。

大映社長の永田雅一《まさいち》は『羅生門』を試写会で見た直後に「訳がわからん」と酷評してさえいる。しかし、受賞後は手のひらを返したように称賛し、海外向けの芸術作品を奨励した。溝口健二の『雨月物語』（昭和二十八年ヴェネツィア映画祭銀獅子賞）や、衣笠貞之助《きぬがさていのすけ》の『地獄門』（昭和二十九年カンヌ映画祭グランプリ）はその成功例でもある。

『羅生門』に対する世界の評価を知ったあとの黒澤の発言は、当時の日本の映画事情の痛いところを突いている。

「受賞祝賀会のときにも僕は言ったのだけどね、日本映画を一番軽蔑してたのは日本人だった、その日本映画を外国に出してくれたのは外国人であった。これは反省する必要はないか、と思うのだな。浮世絵だって外国へ出るまではほんとに市井《しせい》の絵にすぎなかったよね。われわれ、自分にしても自分のものにしても、すべて卑下して考えすぎるところがあるんじゃないかな?」（『世界の映画作家3　黒澤明』）

小津の「日本的なものが一番世界的に通用する」という主張もこれに通じるものと言えるだろう。永田雅一を交えた座談会でも、小津は意図して外国受けする日本映画をつくることへの危惧を語っている。それは日本映画を卑下することに他ならないからだ。

「横浜の弁天通りみたいに、うちかけに葵の紋をつけたものが、つまり、日本人の着ない、日本人の趣味をはなれた日本人とつかず、外国人とつかないものが、外国人の趣味に訴えているように、競争が激しくなると、そういう特殊なものが

出来るんじゃないか」(『文藝春秋』昭和三十年十二月号)

もちろん小津は黒澤、溝口と同様に外国人向けのお土産《みやげ》のような映画は生涯撮っていない。ただ、二人に比べ海外での評価は遅かった。

昭和三十三年に『東京物語』がロンドン映画祭でサザーランド賞を受賞したのが最初の評価である。

時代は下り、平成二十四年には英国映画協会発行の『サイト・アンド・サウンド』誌が発表した、世界の映画監督三五八人が投票で決める最も優れた映画に『東京物語』が選ばれた。昭和二十七年以来、十年ごとに行われてきた、この権威あるベストテン投票で日本映画が一位となったのはもちろん初めて。二位にはスタンリー・キューブリックの『2001年宇宙の旅』と、同率でオーソン・ウエルズの『市民ケーン』が選ばれた。

それから十年後の令和四年。同誌が発表した世界の映画監督四八〇人による投票で『東京物語』は四位に選ばれた。一位は『2001年宇宙の旅』。二位は『市民ケーン』、三位は『ゴッドファーザー』。同誌の世界の映画批評家一六三九人が選んだベスト100においても『東京物語』は四位。『晩春』が二十一位に入った。相変わらず、小津作品に対する海外の評価は高い。

黒澤、溝口、小津の映画だけでなく、近年、日本が海外で通用しているソフトパワーにアニメーションや漫画がある。

一九八〇年代にはファッションに対する世界の評価があった。川久保玲《かわくぼれい》や山本耀司《ようじ》が世界の服飾界に与えた影響の大きさは日本人が考えている以上で、二人が表現した黒ずくめ、アシンメトリーなどの独創的なモードはヨーロッパに衝撃を与えた。それが今では一般の人々に広く受け入れられ、二人を崇拝する後進デザイナーも数多く育っている。

小津もまたヴィム・ヴェンダース、ジム・ジャームッシュ、アキ・カウリスマキら世界各国の映画監督に大きな影響を与えた。

考えてみれば、アニメも洋服も映画も日本で誕生したものではない。しかしこれを翻案し、独自の文化へと発展させる力は仮名文字や仏教美術に明らかなように、はるか昔から培《つちか》われてきた。「日本的なものが一番世界で通用する」という小津の見解は正しい。日本人が自信を持つべきは経済ではなく日本文化の汎《はん》世界的なパワーである。

小津の言葉 19

人間には誰だって苦手が一つくらいあるもんだよ。弁慶にだって、一つところ、泣きどころがあったんだし、ジークフリートでさえ、背中に一つ持ってたんだ。俺にだってあるさ。

『戸田家の兄妹』昭和十六年

批評家の評価は高くても、客は入らない。興行成績が芳《かんば》しくないことが長らく映画監督・小津安二郎の泣きどころだった。その弱点を払拭《ふっしょく》したのが『戸田家の兄妹《きょうだい》』である。

これは小津にとって記念すべき大ヒット作であり、この頃から名実ともに松竹の屋台骨を支えるヒットメーカーの道を歩み始める。三十七歳。昭和十四年に中国戦線への従軍から帰ってきて最初に撮った作品でもある。

ヒットの要因として指摘されたのはスター俳優の起用だ。

上原謙、佐野周二とともに〝松竹三羽烏《さんばがらす》〟と称された佐分利信は小津組初参加で、その後の『お茶漬の味』『彼岸花』『秋日和』などで見られる重厚さはまだなく、精悍さが前面に出ている。当時人気絶頂だった高峰三枝子はこれが唯一の小津映画出演。ほかに桑野通子、吉川満子、三宅邦子、坪内美子ら松竹の美人女優が顔を揃えた。

つまり、それまでの小津はスターの出ない映画を撮っていたことになる。もちろん、スターが出ればどんな映画も当たるわけではなく、『戸田家の兄妹』の興行的成功も中身の面白さがあったから。戦後の小津が『麦秋』や『東京物語』でも描いた家族の分裂、家族制度の崩壊といった主題はここにも大きく横たわっている。

山の手の上流階級を描いたのは『淑女は何を忘れたか』と同じ。麹町《こうじまち》の豪邸に住む戸田家の当主は財界でも顔を知られる人物だったが、妻の還暦を祝う日に急逝し（この映画が還暦の誕生日に亡くなった小津自身の未来を暗示していることはよく指摘される）、これを境に戸田家は没落していく。

遺産を整理してみると、予想外に父の借金が多く、その返済のために家屋敷を含む資産のほとんどを手放すことになってしまう。

行き場を失ったのは母（葛城文子《かつらぎふみこ》）と末娘の節子（高峰三枝子）だ。しばらくの間、長男夫婦のもとに居候することになるのだが、姑と嫁の折り合いの悪さから、長女夫婦のもとへ移り、さらに次女夫婦のところへと、どこへ行っても冷遇された挙句、最後は鵠沼《くげぬま》にある老朽化の激しい別荘で寂しく暮らすことになる。

母と娘がタライ回しにされる光景に、『東京物語』で尾道《おのみち》から上京してきた老夫婦が所帯を持った子どもたちの家で邪魔者扱いされるのを思い出す人は多いだろう。滞在が長期にわたる分、扱いはもっと冷たく、長男の嫁と母娘がピアノの音を巡って諍《いさか》いを起こすくだりなど今見てもリアルで、ハラハラさせられる。どこにでもありそうな話だ。

『東京物語』では戦争で死んだ次男の嫁（原節子）の存在がささやかな救いだったが、ここでは次男の昌二郎（佐分利信）が観客の溜飲《りゅういん》を下げてくれる。満州から一時帰国した昌二郎は一周忌の日に家族の前に現れると、全員に母と妹がなぜみすぼらしい別荘に住んでいるかを問いただすのだ。一人ひとり激しく糾弾《きゅうだん》しながら、その場から退席させていく。そして母と妹に対し、一緒に満州に行って暮らすことを承諾させるのである。

痛快と言えば痛快な、小津の映画には珍しく観客の気持ちを高揚させるクライマックスだ。その理由かどうかはわからないが、佐分利信が演じた昌二郎は小津の分身とも言われる。大学には行かず、映画界入り後も父から小遣いをもらっていた道楽息子の小津だったが、父が亡くなると、母と弟を引き取って面倒を見た。弟には大学を卒業させ、母とは生涯いっしょに暮らした。昌二郎と安二郎と名前も似ている。

さて、「誰でも一つくらいは苦手がある」というセリフである。

昌二郎は映画のラストで、妹の節子から結婚相手に友人の時子（桑野通子）はどうかと勧められ、これを承諾する。しかし当人の時子が現れると、柄にもなく照れて逃げてしまう。好きな女性を前にしたときの弱さは小津と同じである。しかし、ヒーローのように現れた昌二郎にも弱点があることを知り、ぼくはホッとする。

強がるだけが男ではない。昌二郎の語るとおり、弁慶の向こうずねやジークフリートの背中、さらにアキレスのアキレス腱やゼウスの踵《かかと》など、どんな英雄も弱点の一つくらいあるから魅力的なのだとぼくは思う。

小津の言葉 20

どんな仕事だっていい、一たん与えられた以上は天職だと思わないといかん、人間は皆分がある。

その分はどこまでも尽さにゃいかん……私情は許されんのだ。
やれるだけやんなさい。どこまでもやりとげなさい。
そりゃ仕事だ辛いこともある。
「一苦一楽相練磨し練極って福を成す者はその福初めて久し」だ。
辛いような仕事でなけりゃ、やり甲斐はないぞ。
それをやりとげてはじめてその福久しだ。
我儘は言えん。我は捨てんけりゃいかん。

『父ありき』昭和十七年

『父ありき』は『生れてはみたけれど』や一連の「喜八もの」シリーズで父親と息子の関係を描いてきた小津にとって集大成とも言うべき作品だ。戦後の小津は同じ親子の物語でも、父と娘の関係へと軸足を移したため、これは小津が描いた最後の父と息子の物語でもある。

主人公の父親に笠智衆。『一人息子』における教師の演技が小津に認められ、初めての主演に抜擢された。

笠が演じるのは息子とふたり暮らしをしている地方の中学教師。強い倫理感を持ち、誠実や高潔を絵に描いたような人物だ。だから修学旅行で引率した生徒の一人が事故死すると、その責任を取って潔く辞職してしまう。息子を郷里の中学の寄宿舎に入れると、自分は単身東京へ出てサラリーマンとして働き始め、以来、父と子は遠く離れた生活を余儀なくされる。

時は流れ、息子は仙台の大学を卒業して教師となった。ずっと父と二人で暮らすことを夢見ていた息子は久々に温泉宿で会って、その想いを告げる。教師を辞めて自分も東京で新しい仕事を見つけたいと打ち明けるのだが、父はそれを許さない。前掲のセリフはそのときの言葉である。

この厳格さというか、頑《かたく》なさは今見ると正直なところ違和感がある。当時の軍国主義が「私情は許されん」「我を捨てろ」といった言葉につながった事情も、父として息子を突き放し、男として自立させようという意図があることも理解できるが、父が息子との生活をここまで徹底して拒み続けるのはどこか不可解だ。

しかし、演じた笠はこんなことを語っている。

「僕が息子に『親子は離れていても心が通い合う』『男は天から与えられた仕事をまっとうするべきだ』と諭《さと》すところがあり、これは、先生の想いでもあり、僕にとっても共鳴できる考え方でした。この映画の僕の役は、先生のお父さまがモデルで、僕が死んで息子の佐野周二さんが号泣する場面は、先生のお父さまが亡くなられたときと同じだったとも聞いています」(『大船日記 小津安二郎先生の思い出』)

小津も中学時代、父親の方針で母親や兄弟といっしょに松阪に暮らし、東京で仕事をする父とは離れ離れの時期を過ごしている。会いたいときに会えなかった父への想いが映画に織り込まれ、笠が演じた人物は理想の父親像だったのかもしれない。

一度与えられた仕事を天職と思えという教えも、小津の信念にも近いメッセージに聞こえる。たとえば小津は『浮草』に出演した若尾文子にこう諭している。「リンゴの絵をかいていて、うまくいかないからといって、柿や桃をかき始めるようじゃダメだよ。うまくいってもいかなくても……。私はそういう人しか信用しない」(『小津安二郎・人と仕事』)

実際のところ、どんな仕事が合っているかなんて自分ではよくわからないし、たまたま巡り合った仕事のなかに生きがいを見つけるのが人生かもしれない。たしかに、一つの仕事に打ち込んでいる人は魅力的に映る。

映画は結局、親子がいっしょには暮らせないまま終わる。兵役検査を終えた息子はしばらく東京の父のもとで過ごすのだが、父はこの間に息子の縁談をまとめると、自分の役目を終えたかのように脳出血であっけなく逝ってしまう。

ラストは遺骨を持って新妻と地方の街へ帰っていく汽車のシーン。息子が父と過ごした一週間を振り返って呟《つぶや》く「いい親父だった」の言葉があり、そのあと、走る汽車、息子の横顔、網棚の上の遺骨、再び走り去る汽車とカットをつないで幕を閉じる。しみじみとした深い余韻は小津映画のなかでも屈指である。

有名な河原での釣りのシーンもある。
最初は中学入学前の息子と父、次は教師となった息子と父が渓流釣りをする姿が映し出されるのだが、奇妙なのは父と子がまったく同じ動作で竿を振り、釣り糸を川に流すことだ。不自然だが、その不自然さがずっと心に引っかかるのは、容赦のない時の流れが鮮やかに表現されているからだろう。

小津の言葉 21

中庸がいいですね。
日本人は、なにかというとすぐ、源氏か平家にきめたがる。
どちらでもない、というのも一つの思想でしょうに……。

（『報知新聞』昭和三十五年六月十六日）

『秋日和』のクランクインを前にして、女性の好みについて語った言葉である。このあとに「ウェットではなく、かといってドライでもない娘が一番いい」と続く。

しかし、中庸の大切さは小津にとって単に女性の好みの問題だけではなかったはずだ。

「思想」という言葉を使っているところにも小津の信念に近いものが感じられる。戦前は日本中が集団催眠にでもかかったように同じ方向へと走り、戦後は戦後で自由とアメリカ文化の礼賛へと一気に傾いた。そんな時代に、小津は社会の動乱や変転に背を向けるように自分が描きたい家族の物語を映画のなかに構築した。

日本人は右か左か、白か黒かという二者択一が好きである。近年の選挙結果や世論の動向がまさにそうだ。案外、せっかちであぶなっかしい。閉塞感に満ちた時代は感情的な極論に走りがちだとはよく言われるけれど、こんなときほど一つの立場に偏《かたよ》らないバランス感覚が問われる。

白か黒かのデジタル思考に陥らない、賢明な妥協点のようなものはどんなものごとにもあるはずだ。あえて白か黒かを「決めない」態度もあると思う。だいたい自分の周囲を見渡しても簡単には正解が導き出せない問題ばかり転がっている。小津の映画を見ても、正しい人生や家族のあり方が分かるわけじゃない。だから何度でも見られる。

小津の言葉 22

あたしは古くならないことが新しいことだと思うのよ。ほんとに新しいことは、いつまでたっても古くならないことだと思ってるのよ。そうじゃない？

『宗方姉妹』昭和二十五年

『宗方姉妹』は小津が初めて松竹以外の映画会社（新東宝）で撮った作品である。小津と親交が深かった大佛次郎の新聞小説を原作にしており、古風でしとやかな姉（田中絹代）と行動的で自由奔放な妹（高峰秀子）という対照的なヒロインが、価値観や恋愛観の違いをぶつけあいながら生きる姿が描かれる。

姉妹は姉の夫（山村聰《そう》）と三人で暮らしていて、夫は職もなく、飼い猫にしか心を開かない陰気なタイプだ。しかも姉が経営するバーは資金繰りに苦労しており、妹は義兄と別れさせたくてしょうがない。しかし、姉は「夫婦はどんなにつらくてもお互い我慢しあってこそやっていけるものなの」と、妹の思惑を否定する。

「それじゃ夫婦なんてつまんない」「お姉さんの考えは古い」と主張する妹への反論が、前掲のセリフである。

夫が妻に暴力をふるったり、ヒロインがバーの壁にグラスを投げて続けざまに割るシーンがあったりと、小津にしては珍しく激しい描写がある上、最後に姉のとる行動には少し驚かされるが、映画のテーマはこのセリフに集約されている。古いとなじられる姉。自分の考えや行動が新しいと思っている妹。姉が和服、妹が洋服だから新旧の対立は一層わかりやすい。

「あんたの新しいってことは、去年流行《はや》った長いスカートが今年は短くなることじゃないの?」

「明日古くなるもんだって、今日だけ新しく見えさえすりゃ、あんたそれが好き?」

姉の言葉は小津自身の主張でもあった。同じことを新聞の取材で語っている。

「現象には興味が持てぬ。いま新しくたって五年先には分かりませんよ。古くならぬことが新しいのじゃないですかね」(『朝日新聞』昭和二十五年四月六日夕刊)

古くならないことが新しい。そんな小津の視線でものを見ることの大切さを今思う。

顕著なのは情報である。玉石混交《ぎょくせきこんこう》の膨大な量の情報が高速で行き交い、新しいことが日々更新されていく時代に、古くならないものを見つけるのは至難のワザだ。そのなかに五年先、十年先まで古くならないものはどれだけあるのだろうか。

昔、貴重な情報は川に釣り糸を垂らして手に入れるような感覚があった。自分でこれはと思うポイントを探し、そこで釣りをするように情報を仕入れるのである。人と会って話を聞くのもそうだし、古書店を回るなんていうのもそんな感じである。釣果《ちようか》はあったり、なかったり。

今はそんな悠長なことをするより、インターネットがあるでしょうと反論される。わざわざ出かけていく必要がどこにあるのかと。それでもぼくは「わざわざ」にこだわりたい。もちろんパソコンや携帯電話の恩恵は受けている。原稿を書くのも、それを送るのもパソコンだし、簡単な連絡はメールで済ませる。

しかし、旅先へパソコンは持っていこうとは思わない。携帯を忘れたこともあるが、案外困らない。携帯がなくても宿に電話はあるのだから、連絡を取ろうと思えばなんとでもなる。待ち合わせなんて、約束に遅れなければいいだけの話。たまたま三日間携帯なしで旅をして分かったのは、携帯が本当に必要なのは地震などの災害のときだけではないかということだった。それも電池が切れたらアウト。

そもそもパソコンや携帯は仕事の効率化や時間の節約を可能にしてくれる道具ではなかったか。それがいつしか、道具の前に張りつくうちに時間がどんどん過ぎ去って行ってしまう矛盾。スマホが震えたり、音を鳴らしたりする度にそれを覗いている姿はどう見ても、カッコいいとは思えない。小津風に言えば「品がなさすぎる」。


紙媒体から電子媒体へと移行していくのは時代の流れかもしれない。

しかし、紙に記された文字と電子媒体の文字とでは言葉の体温や重みが違う。

ネットの影響で言葉は大量にあふれているが、責任不在の言葉ばかりが行き交い、一つ一つの言葉がインフレのように軽くなった気がしてならない。

こんなことを言うと、「新しいものについていけないお前が古い」と批判されそうだが、そんなときのために小津の言葉がある。

「新しいってことは古くならないことなんだよ」

小津の言葉 23

この先長い人生だ。いろんなことがあるぞ。
もっとどんなことがあるかも知れないが、
どんなことにも動じない俺とお前になるんだ。
どんなつらいことがあっても、
笑って信じ合ってやって行くんだ……いいな。
それでこそ本当の夫婦なんだ。
本当の夫婦になれるんだ。

『風の中の牝雞』昭和二十三年

小津の問題作の一つが戦後第二作の『風の中の牝雞《めんどり》』である。
舞台は建設中のガスタンクが見える東京の下町。夫（佐野周二）が戦地から帰還するのを待つ妻（田中絹代）は幼い子どもを抱え、ミシン仕事の下請けをしながら細々と暮らしている。そんなある日、子どもが病気で入院し、その費用を工面するため、たった一度だけ身を売ってしまう。夫が復員してくるのはそれからまもなくのことである。

妻は夫に入院費のことを尋ねられると、すべて正直に告白してしまうのだ（見る人のほとんどが「なんでわざわざ……」と思うはずだ）。夫は妻の行為を許せない。妻が過《あやま》ちを犯した売春宿にも出かけていく。そこで会った娼婦の身の上を聞くと、妻を理解しようとする気持ちが生まれ始める。友人（笠智衆）からアドバイスも受ける。けれど、頭で妻を許せても、感情は抑えられない。激しく言い争い、ついには勢い余って妻を突き飛ばし、階段から転げ落としてしまうのである。

小津は戦地で読んだ志賀直哉の『暗夜行路』にいたく感激した。『暗夜行路』には妻の不貞に苦悩する主人公が描かれ、彼が妻を列車から突き飛ばす場面もあるため、階段落ちはそこからイメージしたとも言われる。あるいは小津がシンガポール出征時に見た『風と共に去りぬ』にある階段落ちの影響も指摘されてきた。

いずれにしても小津の映画にあっては数少ないバイオレンス描写だ。しかし本当にショッキングなのは妻が階段から落ちたあと。夫は階段の途中まで降りながら、「大丈夫か」と声をかけるばかりで、助け起こそうともしない。妻が必死に立ち上がり、階段を片足で這うように登る姿は、潰された虫のように弱々しい。

このとき階段の急勾配がよくわかる。そして、やっとの思いで二階まで上がってきた妻に対して夫が口にするのが「おれは忘れる。おまえも忘れろ」の言葉であり、「この先長い人生だ。いろんなことがあるぞ」という少し説教臭いセリフへとつながっていく。

三十年以上も前に名画座で見て以来、DVDで何度も見たが、このセリフにはずっと違和感を覚えてきた。とてもこれで大団円とは思えないし、夫婦二人がこの先本当にやり直し、前向きに家庭を築いていくとは想像しがたいのである。

「あの映画は怖い。小津が撮ったホラーじゃないか」とまで言う小津ファンの友人もいて、その刷り込みなのか、ぼくにはこの映画の階段が『風と共に去りぬ』というよりヒッチコックの『サイコ』の階段に見えることがある。最後のクライマックスを知って見るせいもあって、階段の表情は禍々《まがまが》しく、異界への入口にも思えてくる。そもそも小津が階段を繰り返し撮ること自体が極めて珍しい。

小津らしい軽妙なユーモアもギャグもなく、「映画はあと味が勝負です」という小津の言葉に明らかに反する、砂を嚙んだようなザラザラした感触。しかし逆にそれはこの作品の魅力かもしれないと、最近は思うようになった。

夫婦が顔を合わせている間、画面は不穏で重苦しい空気に包まれるのだが、それとは対照的に妻と夫の個々の場面は実にのどかで美しい。

妻と子と妻の女友達の三人でピクニックに出かけるシーン。夫と娼婦が売春宿を出た外の原っぱで言葉を交わすシーン。こうした平穏な風景が、小津の映画には稀有《けう》な最後の劇的な展開を際立たせている。

ラストの階段落ちは小津の怒りの表出ではないだろうか。このような夫婦の悲劇を生んでしまった戦争や、そんなことを忘れたかのように激動する戦後社会への。

嫉妬と自己嫌悪に苦しむだけの夫はいかにも身勝手である。それに対し、たった一度の過ちをあっさり告白した妻のほうに清潔な良心を感じる。正直に生きること、嘘をつかないことは小津の大事な価値観である。事実、小津の映画に出てくる人物は嘘をつかないし、『晩春』や『彼岸花』などで方便としての嘘をつく人物がいても、必ず途中でその嘘は明かされる。その意味では極めて小津らしい映画なのかもしれない。

しかし小津は『風の中の牝雞』を失敗作と認め、次に、この映画に批判的だった脚本家の野田高梧とともに戦後の小津調復活を告げる『晩春』をつくることになる。

小津の言葉 24

誰だってそれぞれ身についたものがあるんだ。
僕の場合、なんて言ったらいいかな、
インティメートな、プリミティブな、

遠慮や体裁のない気易い感じが好きなんだよ。

『お茶漬の味』昭和二十七年

ちょうど『麦秋』と『東京物語』という小津の代表作の間に撮られたのが『お茶漬の味』である。戦前の『淑女は何を忘れたか』と同様に、山の手の上流階級を描いたライトコメディといった趣《おもむき》だ。

小津作品のなかでの注目度は高くなく、小津も満足のいく出来ではなかったようだが、小津が尊敬する志賀直哉は「一番好きな作品だよ。とにかく後味が大変いいのでね」(『産業経済新聞』昭和二十七年十月一日)と褒めた。

脚本はすでに戦時中、小津と池田忠雄によって書かれている。『淑女は何を忘れたか』の次の作品として、主人公の夫に佐分利信、その妻に桑野通子が予定されていた。しかし軍の検閲に却下された経緯があり、時代設定を戦中から戦後に変えるなど小津と野田高梧によって手が加えられて映画化された。十五年経ってもあきらめなかったところに、この作品に対する小津の執着が感じられる。

戦後版『お茶漬の味』は夫役の佐分利はそのまま、妻を木暮実千代が演じている。

佐分利が演じるのは無口で温厚、仕事もできる人物だが、東京のお嬢さん育ちの妻（木暮）はその田舎臭さが気に入らない。たとえば、夫がご飯に味噌汁をかけてかっこむのが大嫌い。どこかで夫を馬鹿にしている妻はいわゆる有閑マダム（もはや死語に近いが）で、仲のいい女友達（淡島千景ら）と遊びまわり、彼女たちの前では夫を「鈍感さん」などと呼んでいる。

倦怠期の夫婦に決定的な亀裂を走らせるのは、姪《めい》（津島恵子）のお見合いに対する意見の食い違い。それは価値観や嗜好の対立にまで発展し、夫は自分が本当に好きなのは煙草《たばこ》なら安い「朝日」、汽車なら「三等」、つまり「インティメートな、プリミティブな、遠慮や体裁のない気易い感じ」なのだと正直な気持ちを妻に伝える。

しかし夫婦関係は改善されないまま、夫のウルグアイ転勤が急に決まってしまう。旅行中の妻は見送りにも行けず、夫は一人旅立つ。その夜帰宅した妻は寂しさに襲われ、夫への態度を後悔していると、飛行機の故障で出発が明日に延びた夫が戻ってくる。そして、夜中に二人でしみじみ食べるのがお茶漬なのだ。「遠慮や体裁のない、もっと楽な気安さが、やっとわかったの」と妻。「夫婦はこのお茶漬の味なんだ」と夫。二人のやりとりはまさに本作のメッセージである。

わがままでプライドが高く、いかにも上流夫人然とした立ち居振る舞いを見せる木暮が抜群にうまい。着物姿に気品と色気があり、どっしり構えた佐分利とのコントラストで見せる都会派喜劇だ。『晩春』『麦秋』『秋刀魚の味』など曖昧《あいまい》なタイトルが多い小津映画には珍しく、作品タイトルもストレートに主題を表している。

映画の舞台を戦後に変えたためなのだろう。小津映画にしてはナイター観戦、パチンコ、競輪など当時の社会風俗がふんだんに盛り込まれた。それにラーメン。津島恵子と鶴田浩二がラーメンを食べるシーンでは、わざわざ鶴田に、

「ラーメンはね、おつゆがうまいんですよ。こういうものはうまいだけじゃいけないんだ。安くなくっちゃ。世の中には安くてうまいものがたくさんあるんですよ」

と言わせ、おかわりまでさせている。

お茶漬については小津自身が従軍中の日記（昭和十四年二月二十三日／『小津安二郎・人と仕事』）に食べたいものとして「鯛茶」、「白菜で茶漬」を挙げている。また、夜食でよく食べたのが厚めの鮭を数枚火鉢で焼いて、手早く上から熱いお茶をかけたもの。食べることが大好きな小津にとっても、お茶漬はスペシャルな好物だった。

お茶漬もラーメンも小津にとって「インティメートな、プリミティブな」食べ物なのである。佐分利のお茶漬についての言葉も、鶴田のラーメン評もおそらく小津自身の言葉である。そう思うと、この映画への愛着はさらに増してくる。

小津の言葉 25

そりゃ、結婚したって初めから幸せじゃないかもしれ

ないさ。
結婚していきなり幸せになれると思う考え方が
むしろ間違っているんだよ。
幸せは待ってるもんじゃなくて、
やっぱり自分たちで創り出すものなんだよ。
結婚することが幸せなんじゃない。
――新しい夫婦が、新しい一つの人生を
創り上げてゆくことに幸せがあるんだよ。
それでこそ初めて本当の夫婦になれるんだよ。

『晩春』昭和二十四年

父親（笠智衆）が娘（原節子）に諄々《じゅんじゅん》と諭すセリフである。このセリフの前には自分の人生は終わりに近いがお前の人生はこれからだという話があり、後にはお前のお母さんも苦労し泣いたことがあったという話が続く。短い会話のやりとりで構成される小津の映画にあって、これほど長いセリフは珍しい。
要するに結婚は「するまで」より、「してから」のほうが大事なんだというのが父から娘へのメッセージである。

生涯結婚はしなかった小津だが、これは小津なりのまっとうな結婚観でもあるのだろう。夫の不倫を描いた『早春』の撮影時にはこんな発言をしている。
「結婚したらすぐいい夫婦になるものじゃない。夫婦になってからもいろいろ誘惑があったりいろいろなことがあるが、そういうものはだんだんお互いに気にならなくなって、初めて立派な夫婦ができる。それまでの過程は長い人生からいってみれば、早春のようなものだ」(『シナリオ』昭和三十年七月号)
『晩春』は興行成績と評価の両面で戦後の小津復活を告げた記念碑的作品である。戦後の小津映画を担った二大女優、原節子と杉村春子が初めて参加した小津作品でもあり、その後、幾度も変奏が繰り返される「娘の結婚にともなう親子の葛藤と別れ」というモチーフはここからスタートした。

北鎌倉に暮らす父と娘の物語である。娘は婚期を逃したと言ってもまだ二十七歳だから、今ではちょっと考えられない。大学教授の父は五十六歳。妻を亡くして久しく、周囲の忠告もあって娘の将来を心配し始める。縁談が持ち上がっても「私がいなくなったら、お父さんが困るから」と少しもその気にならない娘を案じ、父は自分も再婚するつもりだという嘘をついて嫁がせるのである。

当時、原節子は二十九歳。このあと出演した小津作品と比べても明らかだが、美しさのピークにあった。それほど『晩春』における原節子の存在は神々しい。たとえば、父の助手とサイクリングするシーンで大写しされる、眩《まばゆ》いほど晴れやかな笑顔だ。それがストーリーの進行とともに、どんどん険しいものになっていく。父に再婚相手がいると知った時の冷たい表情。さらに能の観劇の際に、叔母（杉村春子）から父の再婚相手だと教えられていた女性（三宅邦子）を見つけて、彼女を凝視するときの目のぞっとするほどの怖さ。心の葛藤はすべて目で表現されている。原節子の強い目力がこの映画全体を突き刺すように貫いているのだ。

『晩春』は抑圧されたエレクトラ・コンプレックスを描いた名作として知られる。エレクトラ・コンプレックスとは娘が父親に思慕を抱き、母親を憎む感情である。たしかに亡き母に代わってずっと父の面倒を見続けた娘が、自分の居場所を奪おうとする女性を憎悪するのはそんな感情が根底にあるからに違いない。

クライマックスはようやく結婚することが決まった娘と父の最後の旅である。晩春の京都。その宿での夜、父と枕を並べた原節子は、父の寝息を聞きながらうっとりした表情を浮かべる。天井を見る目のただならぬ艶《あで》やかさ。ここでも原の強い目である。

このとき、床の間の壺をとらえたショットが二度入る。娘の性的な欲望を暗示しているとの解釈もある有名なショットなのだが、はたしてどうなのだろう。この空間に流れるのは親子の濃密な情であり、ぼくには近親相姦的な匂いは感じられない。原節子の美しさと神秘の目がさまざまな解釈をさせるのではないか。

京都での最後の夜、帰り支度《じたく》をしながら、娘は父に「このままお父さんといたいの」「お嫁に行ったって、これ以上の幸せはないと思うの」と訴える。これに対する父の回答が「結婚し、夫婦が新しい人生を創り上げていくことに幸せがある」という先の教訓めいたセリフだ。納得はするが、原節子が演じる娘の目は寂しげで、これが余韻を残す。

『麦秋』や『東京物語』の原節子も素晴らしい。しかし、原節子の主演作を一本選べと言われたら、文句なしにこの作品をぼくは選ぶ。

小津の言葉 26

ぼくは人間を上から見おろすのが きらいだからね。

（『サンデー毎日』昭和三十七年十二月十六日号）

小津映画の代名詞ともなっている、カメラを極端に低い位置に構えたロー・ポジション。この独特なアングルを使うようになったのは、小津によれば二十五歳で撮った『肉体美』(フィルムは現存しない)から。その理由については、「人間を上から見下ろすのがきらいだから」という冗談まじりの言葉が一番小津らしい。

こんな言い方もしている。

「上のほうから見ると、日本の座敷は障子や唐紙《からかみ》が多いので、水平の線を下げないと絵になってから、上のほうが軽くて質的なバランスがとれていないような気がするんですよ。しっかり重さが下に落ち着かないような気が……」(『カメラ毎日』昭和二十九年六月号)

要するに下からの構図が小津の美意識や生理と合致したのだろう。そして構図をロー・ポジションで統一することで、画面に独特の安定感や清潔感が生まれた。

小津の助監督も務めた小説家、高橋治の『絢爛たる影絵』によれば、小津のロー・ポジションについて、篠田正浩は「世のうつろい、人のうつろいの定点観測だと思うんだ」「うつろいを見るのなら、高い位置から見下ろすのは良くない」と指摘した。

定点観測で描かれるのは「あったものがなくなって行く」ドラマだ。『晩春』で結婚式から笠智衆が帰ると、「原節子はいない。廊下がうつる。そこにあったシンガーミシンが消えている。ファーストシーンに存在したものが次々に消えて行く」。

これ以上的確なロー・ポジ論はない。

小津の言葉 27

贅沢と無駄使いは違う。

（『ブルータス』平成二十五年十二月一日号）

晩年の小津映画の常連俳優であり、小津とは父と子のような関係にあったのが佐田啓二だ。佐田の結婚の仲人を小津が務め、小津の最期を看取ったのが佐田だった。その佐田の息子、中井貴一は小津の言ったことが家訓にもなっていると『ブルータス』誌のインタビューで語っている。「贅沢と無駄使いは違う」もその一つだ。

「小津先生は美食家で、ウナギはあの店、そばはこの店というふうに決めていました。ある日『そんな贅沢はやめた方がいい』と言われた小津先生はこう答えたそうです。『いや、贅沢はするものだ』って。贅沢とは自分の心の栄養になるお金の使い方を言うんだ。何の栄養にもならないお金の使い方が無駄使いなんだって。だから贅沢はどんどんしろと言うんです」

小津はお金にはきれいな人だったと言われる。

スタッフや俳優と飲み食いをすれば、連れの誰かに財布ごと渡して支払いを任せた。飲み代を製作費で落とすか否かについても、小津流の線引きがあった。たとえばロケハンもタクシーを使うより、電車と徒歩が基本。ロケハン終了後の食事は製作費で落とすが、そのあとの酒宴は小津持ちだった。

そんな小津を俳優の須賀不二男は「いかにも下町のむかしの良家、大店《おおだな》の大旦那ですよ。ぼくらは後からくっついてご馳走になる出入りの植木屋」（『東京人』平成九年九月号）と評した。

若い頃は給料も安く、交遊に出費の多い小津は父からの援助を仰いでいる。しかし、その父が亡くなり、母と弟を引き取って一家を養うようになってからはお金にも苦労したようだ。

十年間据え置きだった給料が上がったのは三十五歳のとき。戦地から帰ってきてまもない小津が社長の城戸四郎に賃上げを求めると、「急に上げるわけにはいかないから、一本こしらえろよ」と言われ、『戸田家の兄妹』をつくった。幸運にも『戸田家の兄妹』は小津にとって初めて興行的な成功を収めた作品となり、約束どおり給料も上がった。

戦後の小津はだいたい一年に一本のペースで映画を撮っている。映画を撮れば監督料、さらにシナリオを自分で書く小津はそのギャラも入ってくるわけだが、ではどれくらいの収入があったのだろうか。

昭和三十一年、小津が五十三歳のとき、月手当が十万円で年間百二十万円、監督料が二百五十万円、シナリオ料が八十万円で、年収は四百五十万円。公務員の初任給が一万円に満たない頃だから、巨匠にふさわしい高給と言うべきか。日本映画の黄金期であった。

しかし、先に須賀不二男が「大旦那」と語ったようなお金の使いっぷりだ。無駄使いはしなくても、贅沢はする。お金を貯めたり、お金がなければ生活を切り詰めるという発想はなかった。自然と松竹への借金は膨らんだ。

それが小津の葬儀で明らかになる。控室に社長の命令で松竹本社の経理部長がやってきて、「小津には貸しがあるから」と香典を持っていこうとしたのである。このとき松竹の非礼を叱責し、経理部長を追い返したのが葬儀委員の一人でもあった映画監督の井上和男だ。小津映画の助監督も務めた〝小津安二郎最後の弟子〟である。

井上はこれがもとで松竹をクビになってしまうが、後にスタッフや関係者を取材した追悼本『小津安二郎・人と仕事』、小津映画の脚本すべてを集めた『小津安二郎全集』を編纂するなど、小津映画の研究に果たした役割の大きさは計り知れない。

『小津安二郎・人と仕事』にいたっては版元倒産の憂き目に遭い、自分で出版社まで立ち上げている。

そこまでしたのは井上が小津の作品以上に、小津の人間性に惚れたからだ。

小津の人間性についてプロデューサーだった山内静夫はこう証言している。

「映画監督としての成功より、人として完成すること、それがまず大切だと。読書や書画を楽しみ、好ましい人たちと交わり、自分を高める生活。そうすれば、映画はそのひとがつくるものだから、かならずいいものができる、たぶん、そん

なふうに思っておられたんじゃないかな」（『考える人』平成十九年冬号）

小津はお金には換算できないものを大切にした。だから、それを手に入れ、維持するのにお金を必要とした人だった。

小津の言葉 28

その人が結婚前に少しくらい品行が悪くてもそう気にならないと思うけど、品性の悪い人だけはごめんだわ。品行はなおせても、品性はなおらないもの。

『小早川家の秋』昭和三十六年

小津が松竹以外の映画会社に招かれて演出した三作目（ほかに『宗方姉妹』『浮草』）の映画が『小早川家《こはやがわけ》の秋』である。東宝のプロデューサー藤本真澄《さねずみ》が大の小津ファンであったため、小津は『秋日和』で東宝所属の司葉子を借りることができた。そのお返しとして実現したのが『小早川家の秋』だった。

だから、小津映画は初出演となる俳優が大挙出演している。新珠《あらたま》三千代、小林桂樹《けいじゅ》、森繁久彌、団令子、宝田明……。これに原節子、司葉子、中村鴈治郎を加えると東宝オールスター映画の感がする。

アドリブ嫌いの小津と自分の解釈で自由に演じたい森繁久彌との相性は悪く、森繁と山茶花究《さざんかきゅう》が小津の宿を訪ねて相当やり合ったらしい。両者のやりとりは森繁が『小津安二郎・人と仕事』に寄せた文章にあるので、一部を抜粋する。

「おメーらみてえな柄の悪い役者をつかってると、こっちまで品位が落ちるよ」

「先生もいい経験をしてるわけですな、松竹の温床から離れて」

「何をいいやがる」

「五秒、十秒のカットばかりならべて撮るクセというのは、役者を信用出来んとこからきとるのでしょう」

お互い口は悪いが、森繁も山茶花もほかの作品にはない味を出している。案外、彼らもアドリブを許さない小津の演出は新鮮だったのではないか。

舞台は小津には珍しい関西。伏見《ふしみ》で造り酒屋を営む小早川家の人々の姿が関西弁のセリフでテンポよく綴られていく。これだけのキャストを、それぞれの個性を生かしながら出し入れする演出の手際はさすがだ。

小津のお気に入り女優でもあった司葉子はこの家の次女。原節子が『晩春』『麦秋』『東京物語』で演じた「紀子」の役名が与えられている。現在、見合い話が進行中だが、本心では別に想う男性がいる。彼女と仲がよく、何かと相談に乗っているのが前作『秋日和』で司の母を演じた原節子。今回は司の義姉。未亡人なのは同じ設定だ。ちなみに原節子は小津映画六作に出演し、未亡人役が三度ある。

「品性の悪い人だけはごめんだわ。品行はなおせても、品性はなおらないもの」

とは原節子が司葉子に語る結婚観なのだが、小津自身の口癖でもあった。たしかに品行方正でなくとも、品性下劣ではありたくない。問題は表面的な行《おこな》いではなく、中身の性格や性質。小津が出演者を人（人間性）で選んだのも同じである。原節子に言わせたように、若い頃は少々やんちゃで、遊んでいるくらいでいい。

ところが、結婚しても、老いてもなかなか品行方正とはいかないのが、この映画の主人公、小早川家当主の万兵衛（中村鴈治郎）だ。若い頃は亡くなった妻を女遊びで泣かせ、楽隠居の身となった今もまた偶然再会した昔の女のもとへいそいそ出かけていく。法事の席で倒れ、意識不明となるが、一度は復活。しかし、その数日後、家を抜け出して女のもとへ出かけると、あっけなくそこで帰らぬ人となってしまう。

自分を尾行する番頭を巧みにかわしたり、孫と隠れんぼをしているように見せかけ、そっと家を出て妾宅に行ったり。やることすべてがコミカルで憎めない。孫とキャッチボールする姿は抱腹絶倒ものだ。万兵衛は毀誉褒貶《きよほうへん》の多い人ではあるが家族みんなに愛されていたし、最期まで女道楽を続けて逝った姿は不思議と清々《すがすが》しい。ああ、いい老人の死に方を見たという気にさせられる。

それは品行に問題はあっても品性には卑しさは感じられないからだ。小津はそのような人物としてこの老人を肯定的に描いている。

老いても欲望の枯れないアクの強さを、飄々《ひょうひょう》とした味で中和して見せた中村鴈治郎の演技も素晴らしい。

最後の火葬場のシーンでは煙突の煙、黒いカラス、骨壺を持って一同が橋を渡る光景と、過去の作品にはなかった忌《い》まわしい死の風景が続く。問題はそこにかぶさる音楽（本作と『お早よう』は黛《まゆずみ》敏郎）。悲しい場面に悲しい音楽、忌まわしい場面に忌まわしい音楽が流れて気分を塗り重ねるのは少々小津映画らしくないのだが。

小津の言葉 29

あたし、のんきなのかしら。お金のないことだって、人が言うほど苦労にならないと思うの。

『麦秋』昭和二十六年

小津は品行より品性を大切にし、役者も同じ基準で選んだ。では、品性は映画のなかでどのように現れたのか。わかりやすいのは後ろ姿だろう。後ろ姿に小手先の演技は通用しない。どう演じても俳優である以前の人間性が出てしまう。

後ろ姿の美しさが際立つ場面が『麦秋』にある。

結婚が決まった紀子（原節子）と義姉の史子（三宅邦子）が砂丘を海に向かって歩いていく姿をクレーンが追う。小津映画において唯一クレーン撮影が行われたシーンでもある。ともに白いブラウスと無地のスカート。砂浜に腰を下ろし、義姉が紀子の結婚後の苦労を心配すると、紀子は自分の考えを語る。

「あたし、のんきなのかしら。お金のないことだって、人が言うほど苦労にならないと思うの。平気なのよ」

お金があれば避けられる不幸はある。しかし、お金があるから幸福が手に入るわけではない。小津はお金より大事なものがあると言いたかったのだろう。

話を終えて立ち上がった原節子は海のほうへ駆けて行き、サンダルを脱いで、三宅邦子に「いらっしゃい」と呼びかける。彼女も走って行って下駄《げた》を脱ぐ。裸足《はだし》は飾らない自分、素の自分の象徴である。ここからカメラがとらえるのは波打ち際を歩く二人の姿。もちろん、後ろからだ。その姿は爽やかな気品にあふれている。

小津の言葉 30

大勢のなかにいながら安直に無我の境地に這入れる。
簡単に自分ひとりッきりになれる。
そこにあるものは自分と玉だけだ。
世の中の一さいの煩わしさから離れてパチンとやる。
玉が自分だ。自分が玉だ。
純粋な孤独だよ。そこに魅力があるんだな。
幸福な孤独感だ。

『お茶漬の味』昭和二十七年

パチンコの魅力を主人公の佐分利信が語ったセリフだが、小津自身はパチンコや麻雀を少し嗜《たしな》む以外に賭け事はあまりしなかったようだ。随筆家の戸塚文子《あやこ》との対談で競馬や競輪のような賭博《とばく》への関心を聞かれ、「きらいですね」（『週刊明星』昭和三十四年三月二十二日号）と即答している。

『お茶漬の味』の佐分利は初めて入ったパチンコ店で戦友の笠智衆と再会する。パチンコ店を営んでいる笠に「いや、いかんです。こんなものが流行るのはいい傾向じゃないです。後悔しました」と言わせるのは小津の倫理観の発露か。

パチンコ店の「甘辛人生教室」という名称が笠に似合っている。その笠が五年後の『東京暮色』では会社を抜け出してはパチンコ店に行く銀行員を演じた。パチンコの難しさを「指先の呼吸ひとつだから」と語るのだが、玉を一個ずつ指で弾いた昔を知る人ならよくわかる。

ところで、先の対談で、小津は戸塚から「結婚というのは一種のバクチでしょう。（略）結婚しないでいる人は、一か八かの精神が欠如しているようですね」と話を振られ、「すると競馬で複を買ったりするのは、二重結婚のできる人かな」と楽しそうに応じている。

小津が本当に競輪や競馬に関心がなかったかどうかはわからない。しかし、映画という大博打《おおばくち》の前ではパチンコも競馬も、そして結婚も色褪せて見えても不思議ではない。当たるか、コケるか。小津は生涯に五十四度の博打を打った。

小津の言葉 31

「あたしなんかその無駄ばっかり言って自動車売ってンだから。でも言わなきゃ売れないしねえ」

「そうだよ。その無駄が世の中の潤滑油になってンだよ」

「そのくせ、大事なことはなかなか言えないもんだけどね」

「そうだねえ。無駄なことは言えてもねえ」

「あんただってそのくちよ」

「なに？」

「好きなくせに好きだって言えないじゃない」

『お早よう』昭和三十四年

東京郊外の土手沿いにある公団住宅を舞台とした『お早よう』は、戦後の小津作品ではもっともコメディの色が濃い。町内費の紛失を巡り、主婦の噂話がどんどんエスカレートしていって誤解が誤解を生む描写など絶妙だ。サイレント期の傑作『生れてはみたけれど』と同様、子どもが重要な役割を果たしている作品でもある。

公開された昭和三十四年は日本にテレビが普及し始めた頃。劇中には大宅壮一のテレビに対する「一億総白痴化」という批判の言葉も引用されている。テレビがほしいとしつこくねだる小学生の兄弟を父親（笠智衆）が「子どものくせに余計なことを言い過ぎる！　黙っていろ」と叱ると、子どもたちは大人こそ「コンチハ、オハヨー、イイオテンキデスネ、アラドチラへ、チョットソコマデ」と余計なこと、無駄なことばかり言っていると反論。父に「黙っていろ」と言われると、ついには家でも学校でも一切喋らなくなり、ハンガーストライキまで敢行する。

「無駄が世の中の潤滑油」との会話は兄弟に英語を教える佐田啓二とその姉（沢村貞子）のもの。小料理屋では笠と隣家の東野《との》英治郎が無駄と言えば酒もタバコもそうかもしれないと話す。小津が戦前から温めていたテーマだ。

無駄話はしても好きな女性に「好きと言えない」と姉に指摘される佐田啓二には、もちろん、小津自身が投影されている。

小津の言葉 32

あたし、年取らないことに決めてますから。

『東京物語』昭和二十八年

『東京物語』のこのセリフは原節子でなければ発せられない、まるで彼女の女優人生を象徴するような言葉だ。

『東京物語』で原節子が演じた平山紀子は、尾道から上京した義理の両親と心を親密に交わし合う戦争未亡人である。

実の子どもたちが両親をやっかい者扱いするだけに、紀子のやさしい態度はいやが上にも際立つ。義理の母とみ（東山千栄子）が紀子のアパートの一室に泊まった夜、彼女の将来について話を切り出す。

「ときどき、お父さんとも話すんじゃけぇど、ええ人があったら、あんた、いつでも気兼ねなしにお嫁に行ってつかあさいよ」

「ほんとうよ。そうしてもらわんと、わしらもほんとにつらいんじゃけ」

「気の毒だ」「すまない」と口にするとみに紀子はきっぱり言う。

「いいんです、あたし、年取らないことに決めてますから」


このとき見せる原節子の微笑みは神がかったように美しい。

原節子が小津安二郎の通夜の日を最後に公的な場から姿を消したのは『東京物語』公開からちょうど十年後にあたる。以後、半世紀以上に及んだ完全なる沈黙は鮮やかというほかない。

『東京物語』のアパートの一室で見せた、あの微笑がまるで魔法であったかのように「映画スター原節子」の時間は止まってしまったのである。

『東京物語』には原節子のほかにもう一人、微笑みが心に残る人物がいる。紀子の義父・平山周吉を演じた笠智衆だ。とりわけ印象深いのは、東京に暮らす息子や娘にたらい回しにされた挙句、行き場を失ってしまったとき、笑みさえこぼしながら漏らす言葉である。

「とうとう宿無しになってしもうた……」

落胆や自嘲や失望が入り混じった言葉でありながら、表情はどこか飄々としている。その軽みの根底にあるのは、時代や世相とともに子どもたちもどんどん変わっていく冷酷な時間の流れと、それを覚悟している諦念にも近い心境に違いない。

原節子が四十二歳で映画界を去り、結果的に永遠性を獲得したのに対し、笠智衆は戦後の映画界の栄枯盛衰を見届けるように八十八歳で亡くなるまで、映画『男はつらいよ』シリーズにおいて「御前様」の名で親しまれた住職を演じ続けた。

いささか俗な表現をすれば「諸行無常」や「無常迅速」の笠智衆に対し、日本の映画史に「永遠の処女」のフレーズを刻印したまま姿を消した原節子。『東京物語』は二人の名優のその後を予言していたとも言える。

無常観は小津の映画を貫く終生のテーマであったわけだが、一方に変わってほしくないと願ったものもあったはずである。
その象徴が原節子であり、今となっては「あたし、年取らないことに決めてますから」は小津の願望が言わせたセリフのような気がしてならない。

小津の言葉 33

ぼくは若い者をとくに贔屓にしていない。どっちかと云えば年寄りの方の気持だな。そういう立場もあっていいと思う。

(『キネマ旬報』昭和三十三年八月下旬号)

『彼岸花』を撮影中に、映画評論家二人を交えての座談会で、小津は繰り返し老人の肩を持つ発言をしている。五十四歳のときだ。

自分の年齢に対し、「われわれが会社に勤めていれば、ぼちぼち停年だ。ふてぶてしいと云えばふてぶてしい」と言いながら、この年ヒットした『陽のあたる坂道』などを例に映画界が若い層をターゲットにしていることに疑問を投げかける。

「観客に受けていると云うけどね。ほんとうに若い人に受けているのか、絵空ごととして喝采を送っているのか、一寸《ちょっと》わからないと思う」

「人食人種だったら、あいつは古い、固いだろう、まずいだろうと云うことになろうが、文明人の場合は古い新しいで価値をきめることはできないはずだ（笑）」

小津の作品キャリアがユニークなのは、自分と同年代かそれ以上、要するに中高年を主人公にした作品（とくに戦後の作品）が圧倒的に多いことだ。それだけでも世界に類を見ない特異な映画監督である。

戦後の作品の主人公の年齢を見てみよう。

『晩春』（笠智衆）五十六歳、『お茶漬の味』（佐分利信）四十二歳、『東京物語』（笠智衆）七十歳、『東京暮色』（笠智衆）五十七歳、『彼岸花』（佐分利信）五十

五歳、『お早よう』(笠智衆)四十六歳、『浮草』(中村鴈治郎)五十八歳、『小早川家の秋』(中村鴈治郎)六十五歳、『秋刀魚の味』(笠智衆)五十七歳。『東京物語』の笠を除けば、今なら老人とか年寄りとは言えない年齢なのだが、小津の時代と今とでは平均寿命が違う。

男性の平均寿命が六十歳を突破したのは昭和二十五年、七十歳を超えたのは昭和四十六年。小津が亡くなった昭和三十八年は約六十七歳だった。五十五歳で定年を迎えれば、残りの人生は十年くらいしかないことになる。一方、現在の平均寿命は男性が八十歳、女性が八十五歳を超えている。

つまり、小津の映画は笠智衆や佐分利信が演じた役に最低でも十歳くらいは上乗せして見るべきである。そうすれば、妻に先立たれた父親が婚期を逃しかけている娘を思う気持ちの切実さは一段と伝わってくる。

自分の死は確実に迫っているのだ。

近年、老人を描いた映画は多くなった。ハリウッドのアクション映画でさえ、古希を過ぎたシルベスター・スタローンやアーノルド・シュワルツェネッガーらが今もヒーローを演じている。

これは先進国の高齢化が加速度的に進行し、今や中高年が映画の重要な客層になったからでもある。

小津が生きた戦後は、日本が高度成長の勢いに乗って突っ走っていた時代だった。映画が若い観客相手の娯楽になろうとしていた時代にあって、人生の落日期にある人物を中心に家族や親子のかたちを描き続けたところに小津という作家の底知れぬ凄みを感じる。興行的成功の実績があったからとは言え、一貫して「年寄りの立場」から映画を撮り続けた自信と覚悟は相当なものだ。

小津の映画を見る楽しみは中高年や年寄りを見る楽しみでもある。こういう年寄りでありたいと思わせることがいくつもある。以下にそれを挙げてみた。

・つらいことがあっても、それを飲み込み、人前では涼しい顔をしていられる。
・家族を思い、幸福は忍耐や我慢をともなうものであることを知っている。
・残された時間が減っていくことを素直に受け入れ、年齢に抗《あらが》う悪あがきをしない。

・友と過ごす時間を大切にする。
・いくつになっても身なりに気を使い、礼節を大切にする。

いつからか日本の社会は老いより若さに価値を置くような考え方が強くなった。若さや若く見られることを競っている。小津なんて、写真を見ると四十代の頃から還暦過ぎのような老け顔である。小津も笠智衆も老け顔ゆえに魅力がある。

人から若く見られるよりも、実年齢より年上に、つまり成熟した大人に見られることを誇れる社会のほうが健全な気もする。

第二章

小津を識る

小津の言葉 34

なんやしらん、お母さんが、ポコポコちっそうなっていきよる……。

『東京物語』昭和二十八年

小津映画と出会ったのは中学二年のときだった。ちょうど自分ひとりで映画館に行くようになった時期で、『小さな恋のメロディ』が公開され、大ヒットしたのをよく憶えている。映画好きの生意気な友人に「日本映画を語りたければ、これくらいは観ておけよ」と強く勧められたのが、たまたまテレビで放映された『東京物語』だった。

子どもたちの顔を見るために東京を訪れる老夫婦の物語は、大人になるとはこういうことなんだと中学生なりに考えさせられた。しかし、これを機に小津ファンになったかというと、そういうわけでもない。中学時代に観た日本映画だったら、むしろ『椿三十郎』や『用心棒』といった黒澤明の時代劇に肩入れした。

　その二年後である。大好きだった母方の祖父が亡くなった。夏休み。雲一つなく晴れ上がった、暑い日だった。そんなことを記憶しているのは、この日、部活で所属していた陸上の地区大会があったからだ。朝から祖父の危篤を知っていたので、競技を終えると急いで実家に駆け付けたのだが、間に合わなかった。顔に白い布がかけられた遺体の周囲には両親を始め、親戚の人たちの顔が並んでいた。その光景を見た瞬間、あれっと思ったのである。

「どこかで見た気がする……」

　今ならデジャビュを思うのだろうが、当時はそんな言葉を知らない。夢のなかで見た光景ほどに考えるしかなかった。

　これが『東京物語』の一場面だと気づいたのは、それから三年後。大学に入学し、たまたま小津特集をやっていた名画座で件《くだん》のシーンに再会した。

「そうか、これか。この場面か……」

『東京物語』の終盤、母の危篤を電報で知った三男の敬三（大坂志郎）が尾道に駆け付けるのだが、死に目には会えず、そこで見るのが、ぼくが高校時代に見たのとほとんど同じ光景だったのである。単なる偶然以上の、格別な感動を覚えたのは、そのあとに続く葬儀の日のシーンがあったからだ。

敬三は木魚《もくぎょ》の音が響くお寺の本堂を静かに退席する。不審に思った紀子（原節子）があとを追うと、敬三は庫裏《くり》の階段に腰を下ろし、ぼんやり外を眺めている。

「どうなすったの？」

「どうも木魚の音、いかんですわ」

「どうして？」

「なんやしらん、お母さんが、ポコポコちっそうなっていきよる……」

敬三は自分が親孝行らしいことを何もできなかったことを悔いる。

「今死なれたらかなわんね。……されぱとて墓に布団も着せられずや」

数ある『東京物語』の名シーンの一つなのだが、それにしても「ポコポコちっそうなっていきよる」という詩的表現である。

実は、ぼくが祖父の葬儀で木魚の音を耳にしながら頭に浮かんだのも、手を離してしまった風船（つまり祖父）が空に舞い上がり、だんだん小さくなって消えて行くような景色だった。そんな感覚を「ポコポコ小さくなる」という短い言葉で言ってしまうセンスに脱帽した。

こうした印象的なセリフが小津と脚本家の野田高梧によって吟味され、紡がれたことを知ったのはもう少しあとである。

もちろん、ぼくの記憶を蘇《よみがえ》らせたのはセリフだけではない。映像の磁力である。どこにでもありそうな家族の風景が不思議なほど記憶の底にとどまり続けたのは、小津ならではの美しい、端正な絵づくりと独特のリズムで進行する語り口があったからだ。およそリアリティを無視した映像文体は世界でも唯一無二の小津調としか言いようがないもので、見れば見るほど小津の世界にのめり込むことになった。

今さらながら「物語」より、まず「映像」や「セリフ」で映画の魅力を教えてくれた小津の偉大さを思う。しかも、その出会いに大好きだった祖父が関与したことは、ぼくにとって小津の存在をさらに格別なものにした。

小津の言葉 35

あるとき、

「先生の一番お気に入りの女優さんは誰ですか？」

と聞いたことがありました。

でも、「う〜ん」とうなって、なかなか答えてくれないので、

「じゃあ、四番バッターは？」とたずねたら、

「杉村（春子）さんだ」って。

「じゃあ、私は？」と聞くと、

「一番バッターだな、お嬢さんは」


（『小津安二郎 新発見』）

お嬢さんとは岡田茉莉子のことである。岡田茉莉子はインタビューなどでこの話を度々しているので、「四番・杉村春子」説は映画ファンには広く知られる。
岡田茉莉子は初期の小津作品で活躍した美男俳優、岡田時彦の娘。つまり父娘二代にわたって小津に起用されたことになる。小津作品に初めて出演した『秋日和』では親友のために佐分利信、中村伸郎、北竜二という〝おじさま〟三人を向こうに回し、小気味いいセリフでやり込めていくコメディエンヌぶりが痛快だ。まさにチーム小津の切り込み隊長。トップバッターらしく映画に勢いをつけている。

さて、一番・岡田茉莉子、四番・杉村春子とすると、他の打順が誰なのかが気になる。小津がこれ以上語っていないので、あくまで個人的な好みで、戦後の小津作品に出演した女優だけで打順（指名打者制を採用）を組んでみた。

一番・岡田茉莉子、二番・淡島千景、三番・原節子、四番・杉村春子、五番・三宅邦子、六番・田中絹代、七番・岩下志麻、八番・司葉子、九番・高橋とよ。
岸惠子や香川京子や山本富士子も入れたかったが、三人とも一作しか出ていないのでラインナップから外した。

ところで、小津はここに挙げた女優の評価をインタビューの端々《はしばし》で語っている。それをいくつか拾ってみた。

まずは原節子。大絶賛である。

「僕は過去二十何年か映画を撮ってきたが、原さんのように理解が深くてうまい演技をする女優はめずらしい。芸の幅ということからすれば狭い。しかし原さんは原さんの役柄があってそこで深い演技を示すといった人なのだ。例えばがなりたてたり、子守っ子やおかみさんのような役はあの人の顔立ちや人柄が出来上がっていないという。それを『原節子は大根だ』と評するに至っては、むしろ監督が大根に気づかぬ自分の不明を露呈するようなものだと思う」（『アサヒ芸能新聞』昭和二十六年九月九日）

小津映画に十本出演した田中絹代にはことのほか手厳しい。

「実は一寸手に負えない、とても使いにくい女優だ。巧く使ってみたいと思うが、どうも一度も成功したためしがない。日本の映画女優の典型的な存在ですね。だからといって、新人があれを真似しては困る」(『映画ファン』昭和二十七年十月号)

三宅邦子への評価を知れば、彼女の五番起用は誰もが納得がいくはずである。「あの人は演《や》りすぎないからいい。喜怒哀楽のゆっくり出る人、なんかこう、ドタッと育ったという感じで、鷹揚《おうよう》で品がいいから好きだ。人間も大変いい、コセコセしてない、女佐分利(信)といったところだ」(同前)

香川京子に対しては、本人を目の前にしてのコメントである。「人中《ひとなか》に出られる時にね。実に大変洗いたての感じがして、大変まァ、ぼくは見染めたわけなんだ。(中略)あなたは余り明朗に笑いすぎやしないかナ。香川京子というといつも笑っている顔なんだナ」(『毎日新聞』昭和二十八年七月九日夕刊)

淡島千景、岸恵子の演技は野球好きの小津らしい比喩《ひゆ》で評した。

「淡島君は、野球でいえばコントロールをもっている人なんだ。そこへゆくと岸君はまだ時にヒョロヒョロ球を投げることがある」(『毎日新聞』昭和三十一年一月二十七日夕刊)

遺作となった『秋刀魚の味』でヒロインを演じた岩下志麻に対しては、期待を込めて評価している。

「まだいくらかクセがついていますね。この作品で志麻ちゃんに注文することは、これまでの志麻ちゃんの映画をみていると、すぐ感情が出る。これは、おもしろがって出てくるんじゃないのかな。表情と感情というのは性格的にもそれぞれ違うとおもうけど、それがジャマになることがある。しかし志麻ちゃんは素直で素質のある子です」(『スポーツニッポン』昭和三十七年十月三日)

小津の言葉 36

映画には文法がないのだと思う。

これでなければならないという型はないのだ。
優れた映画が出てくれば、
それが独特の文法を作るので
映画は思いのままに撮れば見られる。

（『文藝春秋』昭和三十三年十一月号）

「おれも昔はヌーヴェルヴァーグだったんだ」とは、大島渚、吉田喜重、篠田正浩ら松竹ヌーヴェルヴァーグと呼ばれた新世代の台頭を前に小津がよく語った言葉である。

小津はサイレントの時代に、フェードイン、フェードアウトやオーバーラップを嫌い、カットで繋ぐ様式を確立し、日本の家屋を自分の美意識に沿ってモダンに見せるためにロー・ポジションの固定画面にたどり着いた。

さらに、小津が「映画に文法はない」ことを説明するのに、しばしば例に挙げたのが対話シーンの視線の問題である。

人物Aと人物Bを切り返しのカットで見せる際、「二人の視線を結ぶ線をまたいで撮ってはならない」という映画の基本がある。AとBの視線が交わっているように見せるためだ。ところが小津はこれを無視し、その線をまたいだ。Aが右を向いていれば、Bも右を向いているように撮ったのである。

たしかに厳密に見ると視線は交差していない。それでも、ぼくにはあまり違和感がないのだが、プロが見るとかなり気になるらしい。

「文法がない」という言葉は、その世界の常識や基本を「一度は疑ってみろ」ということだとぼくは解釈している。最初からそういうものだと信じ込んでしまったら、新しいものは生まれてこない。これは映画の世界に限らない。

小津の言葉 37

泥中の蓮……この泥も現実だ。

そして蓮もやはり現実なんです。

そして泥は汚いけれど蓮は美しい。

だけどこの蓮もやはり根は泥中に在る……
私はこの場合、泥土と蓮の根を描いて
蓮を表わす方法もあると思います。
しかし逆にいって蓮を描いて
泥土と根をしらせる方法もあると思うんです。

（『アサヒ芸能新聞』昭和二十四年十一月八日）

戦前の軍国主義から戦後の民主主義へ。激動の体験は日本人の価値観を大きく変えた。そんな時代に、小津は社会の混乱や風俗、暗い世相を映画のなかに描き込もうとはしなかった。この時期に台頭した若い世代の監督や映画評論家はそこが物足りず、彼らは小津の姿勢を批判した。

「泥中の蓮」のたとえはそのような批判に対する小津なりの返答である。折しも北鎌倉に暮らす、どちらかと言えば上流階級の親子の日常を描いた『晩春』公開後まもなくの言葉であり、同じインタビューで小津はこう続ける。

「戦後の世相は、そりゃ不浄だ、ゴタゴタしている、汚い。こんなものは私は嫌いです。だけれどそれも現実だ……。それと共につつましく、美しく、そして潔《きよ》らかに咲いている生命もあるんです。これだって現実だ」

その後も「人間を描けば社会がでてくるのにテーマにも社会性を要求するのは性急すぎる」（『スポーツニッポン』昭和三十五年七月十三日）と、やんわり反論した。

必要とあれば何でも盛り込むのではなく、むしろ何を捨て、何を残したかが問われるのが表現だろう。小津には何を捨てても、絶対にこれだけは譲れないというものがあった。時代に惑わされない強さが作品を経年劣化させないのである。

小津の言葉 38

三年つづけてベスト・ワンになった時は、穴があったら入りたいような気になった。

というのは、会社では、ベスト・ワンばかりねらう芸術品ばかりをつくって、もうからない写真ばかりこしらえて——といわれたからです。

（『キネマ旬報』昭和三十三年七月上旬号）

小津は『キネマ旬報』のベストテン投票で六度の一位を獲得している。『生れてはみたけれど』（昭和七年）、『出来ごころ』（昭和八年）、『浮草物語』（昭和九年）、『戸田家の兄妹』（昭和十六年）、『晩春』（昭和二十四年）、『麦秋』（昭和二十六年）。二十九歳の若さで初めて一位になった『生れてはみたけれど』からは三年連続で一位。未《いま》だに達成者のいない快挙である。

しかし、松竹はこれを必ずしも喜ばなかった。ベストテンの一位にはなっても、小津の映画は客が入らず、「小津は批評家の機嫌ばかりとっている」とまで言われた。

『生れてはみたけれど』が一位となった昭和七年の三位が同じ松竹の『忠臣蔵』

（監督・衣笠貞之助）で、「客の入らない作品ばかりつくりたがっては困るから」と、『忠臣蔵』を一位にしてほしいと『キネマ旬報』の編集長に頼んだ重役もいたらしい。後年、小津はそんな話をインタビューで何度かしている。

初期の小津は評価と観客動員が結びつかない監督だった。それが一変するのは佐分利信、高峰三枝子らスターが出演した『戸田家の兄妹』からだ。この頃から客も呼べる、批評家受けもする巨匠の道を歩み始める。

小津はトーキー映画第一作の『一人息子』以後は、遺作となった『秋刀魚の味』まで、戦争をはさんで二十六年間に十九本の映画を撮っていて、このうちベストテンに入った作品が十四本ある。小津の好きだった野球に倣《なら》えば、打率は実に七割三分七厘。ベスト五位以内が九本あり、こっちの打率は四割七分四厘となる。

もちろん、『キネマ旬報』のベストテンが映画の絶対的な評価ではない。小津の作品で世界的に評価の高い『東京物語』は昭和二十八年の二位。この年の一位は今井正の『にごりえ』である。同様に必ず引き合いに出されるのが、黒澤明の傑作『七人の侍』で、昭和二十九年の三位だった。この年の一位『二十四の瞳』も二位『女の園』も木下惠介の監督作である。名作が次々に公開された時代だった。

ベストテンの順位はその時代の社会性や価値観に大きく左右されるものだ。時間が経って評価が高まる作品もあれば、その逆もある。小津の『東京物語』や黒澤の『七人の侍』は海外における評価も味方し、年々国内での評価も高まった。

観客が入らない初期の小津にとってベストテン入りは自分の拠《よ》り所であっただろうし、戦後、一年一作のペースで、外からは巨匠らしく悠々と自分がめざす映画を撮っているように見えても、けっこう評論家の批評は気にしていた。それがはっきり見られたのが昭和三十二年の『東京暮色』である。

有馬稲子演じるヒロインの妊娠中絶や自殺も描かれる、小津には珍しい陰鬱《いんうつ》とした作品で、観客にも批評家にも不評だった。『キネマ旬報』のベストテンでは戦後の小津作品最低の十九位。小津は「十九位だもんな」と落胆していたという。これを機に小津は明るいホームドラマへと回帰していく。もし評価が違えば、『彼岸花』以降の傾向とはまったく違う作品を撮っていたかもしれない。

ところで、鎌倉の小津邸の床の間には里見弴からもらった書が飾られていた。

是非入耳須
君忍半作
痴呆半作聾

この書に興味を持った三上真一郎に、小津が同じ言葉を色紙に書いて送ったことが三上の『巨匠とチンピラ』に書かれている。

小津は三上を前に「ゼヒミミニハイル、スベカラクキミシノブベシ、ナカバチホウトナリ、ナカバロウトナリ」と声に出して読んだ。意味は「いろいろ言う奴はいるけど、そんなときは半分耳が聞こえない顔をして、半分阿呆のような顔をして聞き流せ」、つまり「人の言うことは気にするな」といったところだ。しかし、小津もこれを実践するのは難しかったのである。

何かを表現し、ものをつくるというのは孤独で切ない作業である。それでもやり続けなければならない。その孤独を救ってくれるのは、案外、誰かの一言だったりする。

小津でなくても人の評価はいくつになっても気になるものだ。

小津の言葉 39

相撲や野球を見るのが楽しみでね、いや別にひいきなんてないんだ。だれが勝とうが負けようがただ楽しんでいるんだよ。

（『日刊スポーツ』昭和三十四年一月十六日）

小津のスポーツ好きはよく知られる。幼少期から運動が得意で、中学時代は柔道部に入り、フットボールやテニスも楽しんだ。

初期の映画にも度々スポーツが出てくる。『若き日』のスキー、『大学は出たけれど』の野球、『朗《ほが》らかに歩め』のゴルフ、『淑女と髯』の剣道、『非常線の女』のボクシング。

戦後の小津映画でとりわけ印象が強いのは野球だ。

『お茶漬の味』では木暮実千代、淡島千景、上原葉子の女友達三人が後楽園球場へナイターを見にゆく。淡島はオペラグラスで夫が若い女性といっしょのところを発見すると、友人に銀座の女性であるらしいと教えながら、「いいとこ見付けちゃった！　何か買わしちゃおう」と平然としている。

「三番レフト三宅（宅三《たくぞう》）」、「四番センター別当（薫）」のアナウンスが聞こえるから、毎日オリオンズの試合だ。

『秋刀魚の味』では川崎球場で行われた大洋対阪神戦。笠智衆、中村伸郎、北竜二の悪友三人が行きつけの割烹料理店の個室で飲んでおり、カウンターに置かれたテレビでナイターを放送中だ。阪神の投手はジーン・バッキー、打席には四番の桑田武が向かう。実は中村はこの試合を見にゆく予定だったのだが、クラス会の相談だと誘われ、やむなくここにいるのだ。

昼に笠智衆に誘われたときも「今日がヤマなんだよ」と一度は断っている。

「ヤマなんだよ」の言葉に嘘はなく、この年、つまり『秋刀魚の味』が撮影・公開された一九六二年のセ・リーグのペナントレースは阪神と大洋が激しいデッドヒートを繰り広げた末、阪神が二リーグ制後初めてのリーグ制覇を飾っている。

小津自身は「別にひいきなんてないんだ」とは言っているが、どうやら阪神ファンであったらしい。

しかし、『早春』以後、松竹で製作された小津映画六作品すべてに出演し、小津とは酒食をともにする機会が多かった須賀不二男は「国鉄（現・東京ヤクルト）が好きでね」と語っている。小津の故郷である深川の材木置き場あたりを散歩した後、七時半頃にタクシーで後楽園球場に向かうと、試合はちょうど五回か六回。

「金田が出てきて、川上とかを三振にすると……とくに千葉が嫌いでね。『あんな下品なバイキンみたいな野郎はない。そこへいくと金田はいいじゃないか、正々堂々として山中鹿之介みたいな野郎だ』って。言うことが古いんですよ（笑）」（『東京人』平成九年九月号）

金田とはもちろん金田正一。小津がプロ野球に親しんだ頃は全盛期だ。セ・パ二リーグ制がスタートした昭和二十五年にデビューし、十四年連続二十勝以上。昭和三十三年、二十四歳のときには早くも通算二百勝を達成している。

そんな剛速球の金田が強い巨人を倒すのに溜飲を下げた小津は、阪神、国鉄のファンであるよりアンチ巨人の気分が強かったのだろう。

小津は野球を見るだけでなく、するのも大好きだった。松竹野球部のユニフォームも小津自身がデザインしたほどである。ところが、大好きな野球で大怪我を負う。

五十五歳のとき、里見弴の古希と大佛次郎の還暦を祝う野球大会に出場し、アキレス腱を切ってしまったのだ。それでも律儀に酒席は三次会まで付き合った。結局、この日はスタッフに担《かつ》がれて北鎌倉の自宅に帰って寝るのだが、痛みは引かない。翌日、脚本家の野田高梧夫人から助監督の井上和男に電話が入り、井上は小津をおんぶして病院まで連れて行くことになった。

井上があまりの重さに小津を恨めしく思っているところに、小津は「すまねえな」と、井上の心を見抜いたような言葉をかけた。さらにこうつけ加える。

「中の脚じゃ歩けねえしな……」

痛みに耐えながら気を遣い、しかも照れを隠すようにスケベなジョークをポツリと口にする。そんな小津が好きだ。

小津の言葉 40

映画ってのは、あと味の勝負だと僕は思ってますよ。最近は、やたらに人を殺したり、刺激が強いのがドラマだと思っている人が多いようだけど、そんなものは劇じゃない。椿事です。椿事はなしに、「そうかい」「そうだよ」「そうだったんだよ」てな調子で、なんとかうまく話ができないものかと僕は考えてるんでねえ。

もちろん映画は幅が広いんだから、どんなものがあってもいいんだけども……。

（『東京新聞』昭和三十七年十二月十四日夕刊）

映画における「あと味」について『麦秋』の撮影中にこんなふうにも語っている。

「とにかく、劇的なものを減らして、表現されているもののなかから余情というものが何となく溜まってきて、そういうものが、つまり一つの物のあわれになり、それがこの映画をみたあとで、たいへんあとくちのいいものになる――というようなものができればいいと思って、やりはじめてみたのです」（『映画新潮』昭和二十六年十一月号）

「あと味」に近い言葉は「余韻」だろうか。どちらも容易に表現できるものではない。

近年のハリウッドのアクション大作のように冒頭からエンディングまでクライマックスがてんこ盛りの映画は、テーマパークのアトラクションを体験したような満足感はあるかもしれない。しかし、そこにはあと味も余韻もない。

小津は演技や物語性を極力抑え、すべてを見せずにむしろ隠すことで、映画を表現しようとした映画作家である。その表現方法は優れた詩人がたくさんのボキャブラリーを持ちながら、わずかな言葉でしか詩を表現しないのに似ている。使った言葉の向こう側にどれだけ使わなかった言葉があるか。そこが重要なのだ。

小津が抑えに抑えた表現の味わいは、たとえば『晩春』や『秋刀魚の味』で一人きりになった笠智衆の背中や横顔に集約されている。それでも人生は続く……。そんなメッセージが胸に染み込むように伝わってくる。

小津映画のあと味は苦いけれど、温かい。

小津の言葉 41

いろんなレンズでほうぼうから、
ずいぶん石を写してみたんですが、
ワイドで石が全部見えるようにも撮りましたが
あまりよくないんですね。
あの庭の石というのは、
順々に一つずつ見ていくのが一番いいと思いました。

（『カメラ毎日』昭和二十九年六月号）

「あの庭」とは京都の龍安寺《りょうあんじ》の石庭のことである。『晩春』の終盤、父（笠智衆）が結婚の近い娘（原節子）と行く京都旅行に出てくる。時間にして二分弱、石を中心に庭を映したカットが七つあり、庭に笠とその友人がたたずんで話をする場面もある。

小津は龍安寺の住職が感心するほど熱心にこの庭を撮影し、撮影開始の前にも五、六回通ったという。撮影が終わった後も「せっかくだから」と、順に石を移動撮影するために庭にレールを敷いて準備していたというから、龍安寺の石への想いの強さがわかる。結局、夕立で撮影は中止となってしまった。その映像を見たかった。『晩春』に使われたかどうかはともかく、戦後の小津がめったにしなかった移動撮影まで試みようとしたのだから。

龍安寺の庭は大小十五の石が一度に全部見えないように絶妙に配置され、その構成が名庭の所以《ゆえん》であり、一つ一つの石は見るべきものがないという人もいる。しかし、小津は全体を見せるのではなく、あえて石を一つ一つ見せようとした。いかにもの感がするが、小津は石が好きだった。小津とは仲のよかった監督の伊藤大輔がそのことを随筆に書いている。伊藤邸の離れの座敷に面した庭の円形の石が、小津のお気に入りだった。直径約二メートル。酔うと、この石の上に徳利を置いて一杯やりながら、「このロー・ポジションは素敵だねエ」と体を低くして石を撫でていたという。

伊藤はこう書いている。

「一見何等《なんら》の他気もない此《こ》の石が、どうしてそんなに気に入ったのか。それも遂に聞く機会のない侭《まま》に過ぎてしまった」（『小津安二郎集成』）

龍安寺の石庭にご執心だった理由はもう一つある。小津がもっとも敬愛した小説家・志賀直哉の影響である。直哉は京都に暮らした時期に『龍安寺の庭』（大正十三年）と題した短い随筆を書いており、小津がこれを読んでいないとは考えられない。

直哉は龍安寺の石庭を「吾々《われわれ》は広々とした海に点在する島々を観、島々には鬱《うつ》蒼《そう》たる森林の茂るを観る」と書いた。桂離宮を「長編傑作」とすれば、「短編傑作」だとも。

直哉はこのとき石庭の作者が相阿弥《そうあみ》（画家・作庭家）であることを前提に文章を書いているが、いつ、誰がどういう経緯で造ったかがまったくわかっていないというのが今日の定説である。そして、何もわかっていないから龍安寺は魅力的なのだと私に教えてくれたのは、作庭家で庭園研究家でもある重森《しげもり》千青《ちさを》だ。

もし、造られた背景や作者が分かったら、人は誰もその知識を前提に先入観をもって庭を見てしまう。それが一切ない。重森の言葉を借りれば「龍安寺の庭は口数が少ないから素晴らしい。見る人の感性が問われる」。だから、龍安寺の名声は海外にも響き、現在も京都を旅する外国人の多くがここを訪れる。

日本に龍安寺のような枯山水《かれさんすい》の庭が数多く登場するのは室町時代、応仁の乱によって京の都が灰燼《かいじん》と化して以後のことだ。

新たに建った寺が手っ取り早く、低コストで庭を造るのに枯山水は最適だった。禅の修行にも都合がいい。砂と石だけの庭に何を見るかは修行次第で、水の音を聞く境地にもなれば、直哉のように緑の森を見ることもあるのだろう。

重森は龍安寺の庭は満月の夜に見るのが一番美しいと推測する。波の砂紋を引けば月夜の瀬戸内海に島々が浮かぶ幻想的な光景が見えるはずだというのだ。

重森の父でやはり作庭家の完途《かんと》は「巨大な盆石だ」と看破した。小津は何を見たのだろうか。

再び、直哉の『龍安寺の庭』の文章を紹介したい。

「これは日常見て楽しむ底《てい》の庭ではない。楽しむには厳格すぎる。しかも吾々の精神はそれを眺める事によって不思議な歓喜踴躍《ようやく》を感ずる」

「こういう仕事は簡素なだけそれだけ決して容易な仕事ではない。人一代にそう度々こういう仕事は出来るものではない」

「厳格」だが「不思議な歓喜踴躍」があり、「簡素」だが「容易な仕事ではない」とは、まるで小津の映画に対する評価にも聞こえる。

小津の言葉 42

寝たいときに寝て、好きな仕事して、
いい酒飲んで、
生命保険なんてのはぜんぜん関係なく、
貯金もしなくてすむし、
まあ人もうらやむ生活でしょうな。

（『週刊読売』昭和三十二年四月七日号）

小津や小津の映画を語る上でしばしば持ち出されるのが、哲学者の九鬼周造《くきしゅうぞう》による『「いき」の構造』である。中野翠《みどり》が『小津ごのみ』で、伊良子序《いらこはじめ》が『小津安二郎への旅』でやはり触れている。

花柳界に遊び、祇園の芸者を妻にするなど自らが粋の人でもあった九鬼は、「いき」は「媚態」「意気地」「諦め」によって成立するという。

「媚態」とは色気のこと。男女が接近するきっかけとなる緊張関係のようなものだ。「意気地」は色気を持続させる心の強さ。やせがまんと言ったほうがわかりやすいかもしれない。「諦め」は諦念というより、執着や未練から解き放たれた境地みたいなものと、ぼくは理解している。小津の人生（とりわけ原節子をはじめとする女性との仲）や小津の映画の主人公を思うと、たしかに「いき」という言葉はおさまりがいい。

けれど、ぼくはもっとシンプルに、小津はいい意味での大人の不良だったのではないかと考えている。それを説明するには、不良とは何かを定義しなければならないわけだが、その前に小津の少年期、青年期をざっと振り返りたい。

小津が生まれた頃の深川は気っ風のいい辰巳《たつみ》芸者の存在で知られた東京の色街だ。体が大きく、ガキ大将だった小津はここで九歳まで過ごした後、父の教育方針により母や兄弟とともに父の故郷である三重県の松阪に転居し、この時代に映画の魅力に取り憑かれた。

中学時代は寄宿舎生活。しかし五年のときに美少年の下級生に手紙を書いた疑いをかけられ停学処分となった。当時こうした付け文《ぶみ》は珍しいことではなく、しかも日頃素行のよくなかった小津が罪をかぶせられたとも言われる。

寄宿舎を追われて松阪の自宅からの汽車通学となったが、小津には好都合だった。教師の目の届かないところで映画に興じ、学校をサボって津や名古屋の映画館に足を延ばすことができたからだ。

中学卒業後、商人である父の希望で神戸高等商業学校（現・神戸大学経営学部）を受験するが失敗。神戸では入試より映画館巡りに忙しかった。浪人して翌年も受験に失敗すると、一年間の小学校代用教員を経て帰京。叔父の縁故で、晴れて松竹蒲田《かまた》撮影所に撮影部助手として入社する。こうなると、受験失敗は意図したものとしか思えない。

その後、助監督となってから起こしたのが有名なカレーライス事件である。満員の食堂で自分よりあとに注文した監督のところへカレーを持っていかれたため、納得できない小津はボーイを殴り倒してしまう。しかし、この事件を契機に撮影所長の城戸四郎に目をかけられ、監督へと昇進していく。

駆け足で小津の青春時代を辿ったが、この略歴だけで、ぼくは不良と断じたいのではない（もちろん、誰が見ても不良の匂いはするのだが）。

さて、そこで不良とは何か、いや本物の不良とは何かである。いわゆるならず者やツッパリなどとは違う。本物の不良とは社会や周囲の人間に迎合せず、自分のやりたいことを貫き通す生き方のことだと思う。つまり自由だということである。そして自由はリスクをともなう。常識や正論より、好きか嫌いか、自分の美意識や価値観にかなっているかどうかを基準に行動する以上、ときには周囲との軋轢《あつれき》も生じる。

戦後の混乱期も社会や世情を無視して自分の撮りたい世界を撮った小津はおそ

ろしく強い意志の持ち主だったはずである。人に媚《こび》を売る気などさらさらない。確たる美意識があるから不良はおしゃれで、贅沢で、女性にモテる。モテるけれど、本当に好きな相手には正直になれない。これも不良の特性である。

不良は自分の苦悩を人には見せない。ゼロから何かを生み出すには並大抵でない苦闘があるはずなのに、酒飲んで、昼寝して、貯金なんかもしないと笑っている小津がまさしくそう。

江戸時代なら、ふだんは飲んだくれの天才浮世絵師。今なら「あいつ、遊んでばかりでいいな」と思わせながら、ひとたびステージに上がれば圧倒的なパフォーマンスで観客を祝祭空間へと誘《いざな》うミュージシャン。こういうのが一番カッコいい。

なんだか自分の理想を託した「小津安二郎不良論」になってしまった。

小津の言葉 43

ペッカリーの手袋はぜいたくだ。

所で僕は持っている。
〈おっちゃんはオシャレさんね〉
という子がいる。
してみれば僕は案外洒落者であるかもしれぬ。

昭和八年十一月十日（田中眞澄編『全日記 小津安二郎』）

二十九歳のときのお洒落宣言だ。たしかに小津の愛用の品々からは洒落者ぶりをうかがい知ることができ、小津を特集した雑誌も決まって小津の愛用品を取り上げる。

切り抜き写真で誌面に並べられた懐中時計、眼鏡、パイプ、帽子、筆入れ、茶碗、ハサミ、シガレットケース、手帳、財布……。小津の愛用品を眺めるのはそれだけで楽しい。

じっと見ていると、ぼくはまだ子どもだった頃、ミニカーやら、壊れた時計の文字盤やら、好きな選手の野球カードやら、そんな自分だけの宝物を箱に入れてしまっていたのを思い出す。どれもとうに失くしてしまったが、この宝物感覚というか、気に入ったものを手に入れてはワクワクする感じは大人になっても案外変わらない。

小津の愛用の品々が今も魅力を放つのは、そんなワクワク心と手の温もりが感じられるからだ。大事に飾ったり、しまい込んだりしていたわけではなく、しっかり使い込んでいたのがわかる。少し大げさに言うと、一つ一つのモノが小津という人間のアイデンティティを担っているのだ。

小津の愛用品は静かに語りかけてくる。日常生活で当たり前に使うモノに気を配る人こそ本当のお洒落を楽しんでいる人であり、お洒落とは服装だけでなく、むしろ身の回りのモノを選ぶことから始めるべきなんだよと。そうやって自分のお気に入りのモノと接するうちに好みやセンスは磨かれ、粋であるとか、趣味の良さを身につけ、それが人に好感を与えることにもなるのだろう。

モノや道具なしの生活など考えられないのだから、やはり良いモノと良いつきあいを長くしたいというのが小津の信条ではなかったのかと勝手に推測する。モノは作る人間と使う人間の双方の想いや想像力によって魂を吹き込まれる。だから、小津に愛されたモノたちは今も幸せそうな、いい表情をしているのだ。

モノに想いを寄せれば、そこにドラマやエピソードも生まれる。

小津が若い頃から欲しかったのがイギリス王室御用達ブランドの一つ、J・W・ベンソンの銀の懐中時計である。志賀直哉や白洲次郎も愛用したアンティーク時計で、これを小津は昭和三十年頃に手に入れた。ところが一年後、自宅に帰ることができないほど酔って失くしてしまう。ちょうど『早春』の撮影に入る直前である。

現場に入ってからも意気消沈している小津に二代目のベンソンをプレゼントしたのは、出演者たちだった。須賀不二男がたまたま骨董店で同じモデルを見つけたのだが、値段は二万円。今なら五十〜六十万円といったところか。須賀は一人では手が出ないため、共演者の高橋貞二らと共同で購入して小津に贈ったという。小津が嬉しそうに目を細める顔が想像できる。

ところで、小津は自ら「洒落者である」と日記に書くにあたり、どうして手袋を例に出したのだろう。

小津の映画では手袋が印象的な使われ方をしている。『晩春』では笠智衆が失くし、家中探してもなかったという手袋を娘の原節子が持ち帰ってくる。銀座の行きつけの小料理屋「多喜川」にあったのだ。『彼岸花』では娘の結婚に反対し、式には出ないと頑固ぶりを発揮していた佐分利信がその前日、会社から帰ると、妻の田中絹代の前にポンとモーニング用の白手袋を投げる。明日の結婚式には出席するぞという意思表示である。


手袋を自分の絵に繰り返し描いた画家にジョルジョ・デ・キリコがいるが、彼は手袋をエロチックなオブジェのように描いた。その手袋にフェティッシュな匂いがするのは、手袋が体のなかでもっとも表情豊かな場所と結びつき、それを第二の皮膚でもあるかのように覆い隠すものだからだろう。

小津の手袋への執着はどう解釈すればいいのか。

本人が生きていたら、「別段意味などないよ。つまんない詮索はしなさんな」と笑われそうだが、ちょっと気になる。

小津の言葉 44

雨の降る日の蓼科は
うすら寒さの身に沁みて
足を丸めて昼寝すりゃ
とんとんとんかつ
食ひたいな
蓬莱屋がなつかしい
雨の降る日の蓼科は
昼はひねもす　ねるばかり
呑んでは食ってねるばかり
うう　うう

うなぎが食ひたいな食ひたいな尾花の蒲焼

昭和二十九年九月一日（『蓼科日記 抄』）

小津と野田高梧の共同での脚本執筆は『早春』（昭和三十一年公開）以降、蓼科に構えた野田の山荘で行われた。その名も雲呼荘。漢字で見れば風情もあるが、声に出して読めば「ウンコソウ」。前掲はこの雲呼荘で仕事するようになった頃、小津が戯《たわむ》れに詠んだ小唄である。

「蓬萊屋」は御徒町《おかちまち》にある、小津が生涯にわたって足繁く通ったとんかつ屋。『秋日和』の冒頭、「松坂屋の裏のとんかつ屋」という言い方で話題にされ、『秋刀魚の味』のとんかつ屋のシーンでは実際に店から取り寄せたとんかつを使って撮影が行われた。

一方、「尾花」は千住《せんじゅ》にあって、小津が大晦日に年越しそばを食べる代わりに必ず訪れたうなぎ屋である。細く長くではなく、どうせなら太く長く生きるほうがいいという理由で大晦日にうなぎを食べたとも言われる。気のおけないメンバーが十数人集まって、「尾花」に行って大串の蒲焼を食べ、そのあとは浅草まで歩いて浅草寺《せんそうじ》へお参りしたり、銀座に繰り出したりしたようだ。

ほかにも天ぷらの「おかめ」、とり鍋の「ぼたん」、中華料理の「海員閣」など小津が愛した名店、老舗は多い。小津にはこれら食べもの屋の名前と住所、さらに手描きの地図まで載せた手帖が遺されていて、「グルメ手帖」の通称で知られる。登場するのはとんかつ、うなぎ、天ぷら、ラーメンなどが多く、小津の食の好みがわかる。

気取ったタイプの店より職人気質《かたぎ》のまっとうな店、凝った料理よりそのものズバリのシンプルな味を好んだようで、その意味では「グルメ手帖」のグルメという形容は小津にはあまり似合わない。実際、小津はグルメ、つまり美食家ではなく食いしん坊であったという関係者が多い。

子どもの頃、「よく食べ、よく育て」とはよく言われたことだが、本来これは生涯続けるべきことだろう。よく食べずして、体力や知力が培われるはずも、卓抜したアイデアが生まれるはずもない。小津の日記に登場する料理や食べもの屋の多さはそれを実感させる。

仮に八十年生きるとして、人は生まれてから死ぬまで九万回近い食事をするわけだから、その食事に一生懸命になるのは当然である。どうせ生きるのなら楽しく生きたいように、どうせ食べるなら、うまいものを食べたい。そんな当たり前の欲望が「グルメ手帖」を書かせた原動力ではないだろうか。

小津は生野菜をほとんど食べず、くだものは柿とみかん程度だった。スイカは大嫌い。「赤いものが緑に囲まれたなかに存在するなど失礼だ」というのがその理由である。この偏食ぶりではグルメ失格だ。

ところで、小津が通った店の多くは今も残っているが、消えた店もある。銀座の裏通りにあった中華の「東興園」もその一つ。ぼくも何度も行ったが、三十五年ほど前に焼失してしまった。

昭和二十五年頃、戦地から引き揚げてきた夫婦が素人同然で始めた店に、小津はぶらりと入ってきたという。女将《おかみ》が背中に子どもを背負って仕事をしていると、小津が声をかけてきた。

「その子はどこか悪いのかい」

「子どもにヤケドさせたくないから、おんぶしてるんですよ」

そのとき交わした会話に感じるものがあったのか、味が気に入ったのか、小津は毎日のようにやってきて、メニューについてもアドバイスした。

「材料だけは最高のものを使いなさい。いくら料理の仕方でごまかしても、素人なんだから、素材が良くないと本当にいい味は出せないよ」

やがて店は小津の宣伝もあって映画関係者や俳優も数多くやってくるようになった。昼には行列もできたが、小津は店が混んでいれば無理に入ろうとはしなかった。

これはその昔、すでに七十に近かった女将から直接聞いた話である。バブル真っ盛りの時代。ワンレングスの女の子が長い髪をかきあげるようにしてラーメンを食べ、いつまでもおしゃべりをしていると「早く食べて帰んなさい!」と女将の声が飛んだものだ。

ラーメンは素朴なしょうゆ味。いわゆる東京ラーメンだった。

小津の言葉 45

笠は真面目な男だ。人間がいい。人間がいいと演技にそれが出てくる。

（『映画ファン』昭和二十七年十月号）

もう四十年近く前に一度、笠智衆の自宅を訪ね、インタビューしたことがある。「人生観は出たとこ勝負です」と笑いながら、映画と同じトーンでゆるやかに、静かに喋る姿を昨日のことのように覚えている。

「与えられた役を監督に言われる通りにやってきただけです。力まず、逆らわず、風のふくままフラフラと……。俳優をしているより、ボンヤリしてる時間のほうが長かったかもしれません。そんな人生です」

小津より一つ年下の明治三十七（一九〇四）年生まれ。実家は熊本のお寺。大正十五年に松竹蒲田撮影所に入ってから大部屋生活は十年に及んだ。仕事がないときは日向ぼっこをしたり、散歩をしたり、そういう時間が楽しかったというから欲がない。

小津映画には昭和三年の『若人の夢』に通行人として出演して以来常連となり、徐々に出番は増えていった。初めてタイトルに名前が出たのが『大学は出たけれど』。小津の初めてのトーキー作品『一人息子』で主人公を励ます教師の役を演じると、『父ありき』では初の主役を務めた。これが三十八歳のときだから、遅咲きである。

笠についての「人間がいい。演技にそれが出る」という小津の目の確かさは、その後の『晩春』『東京物語』『秋刀魚の味』などにおける笠の存在を見れば明らかだ。

笠も小津を生涯の師と仰ぎ、演技は小津に言われるまま。しかしそのとおりにはなかなかできず、自分ほどNGを出した俳優はいないと語っている。

「小津演出は、箸の上げ下げからオチョコの置き方、ご飯をゴクンと飲み込む喉の動かし方まで、それこそ一から十まで決めていくものでした。あまり細かいので、なんだかロボットになったような気分になり、体を動かすとギシギシと音がするんではと、心配したほどです」(『大船日記　小津安二郎先生の思い出』)

不器用ゆえに師の教えに忠実に取り組み、年月が経過するとともにそれが花を咲かせ、やがて美しい苔《こけ》が生えてきたのが笠の役者人生だった。

笠だけにあって、他の小津映画の常連俳優、たとえば佐分利信などにはない魅力は「いなたさ」であるとぼくは思っている。「いなたい」は「田舎臭い」「野暮ったい」を意味する、いわゆる音楽業界用語なのだが、いい意味での素朴さ、土臭さに通じ、音楽的に言えばブルースの味わいに近い。

今回この本を書くにあたり、四十年前に笠智衆を取材した前後に、松田優作が笠について新聞のインタビューで語っている言葉がどうしても忘れられず、裏を取るために不確かな記憶を頼りに調べてみた。すると、あった。昭和五十九年二月四日の朝日新聞夕刊。インタビューの最後に、記者とこんなやりとりをしている。

話が、老いた松田優作にとんだ。「やっぱり役者やって歌っているでしょうね」。

ロックを歌う笠智衆ですか、そういったら、「最高、いいですねえ、いいなあ」と、ついに表情がゆるんだ。

「ロックを歌う笠智衆」というフレーズをぼくは忘れられなかったのだ。前年に松田優作は自分の役者生活のターニングポイントとなった『家族ゲーム』に出演している。八枚のアルバムを残し、ブルースを愛するミュージシャンの顔もあった。

もう一人、ぼくのなかで笠智衆とつながるのが野球評論家の関根潤三だ。彼の本を書くために何度も取材する機会があった。記憶力は衰え、最近の野球選手の名前など頭にない様子だったが、話すほどに珠玉のフレーズが飛び出しワクワクした。とりわけこの言葉。

「あっ、今日も生きてらあ」

朝起きてそんなことを実感する日があるのだという。何ごとにも執着せず、生をあっけらかんと楽しんでいる風情がたまらなくカッコよかった。「あっ」という感嘆詞に不思議な解放感がある。

笠が亡くなるまで『男はつらいよ』の御前様を演じ続けたように、関根も九十近くまで野球評論家の仕事を続けた。二人の背中からは同じ匂いが感じられた。年を取ったらこうなりたいと思わせる、男の哀愁や色気があった。

小津の言葉 46

このところ原節子との結婚の噂しきりなり

（田中眞澄編『全日記 小津安二郎』）

原節子がヒロインを演じた『麦秋』公開から約一か月後、昭和二十六年十一月十七日の日記に書かれた一行で、原との噂を楽しんでいるふうにも読める。慎重な小津があえてこんなことを書くのは、すでにこのとき、小津の心からは原との結婚の二文字がきれいに消えていたのだろう。噂の出どころは東宝宣伝部らしい。この時期に公開された原主演の『めし』（成瀬巳喜男監督）の宣伝に利用したとも言われる。

ぼくは小津と原節子の関係は有名な二つのエピソードがすべてを語っていると考える。

一つは二人の出会いだ。

『晩春』における原節子の起用は、湯河原《ゆがわら》の旅館での打ち合わせで小津が尊敬する志賀直哉にアドバイスされたからだというのが定説となっている。これは当時の小津映画のプロデューサー、山本武の記憶によるもの。一方で山本は「小津さんが以前から意中の人として考えていたのかもしれない」と語っているので、俳優を決めて脚本を書く小津の流儀を考えれば、そのほうが納得できる。

キャストは小津映画の胆《きも》だ。おいそれと人の意見に従うとは考えにくい。そんな山本だが小津と原節子の初対面ははっきり覚えている。

とまれ、原節子と小津さんの出会いは印象的だった。原さんを見たとたん、ポーッと小津さんの頰が赤く染まった。

「節ちゃんて美人だなあ」

小津さんはあとでそういった。たしかにそのときの原さんは類《たぐ》いまれな美女だった。この世にこんな美人がいるのか、と私は思ったほどだ。(『小津安二郎・人と仕事』)

一目惚れと言っていい。小津が四十五歳、原が二十九歳だった。

もう一つのエピソードは小津が亡くなった昭和三十八年十二月十二日の通夜。その様子をスポーツ新聞記者だった石坂昌三が回想している。

喪服姿の原は、白マスクをかけて小津邸の小路《こみち》に現れた。白い顔が夜目にも白く、壮絶な美しさだった。玄関での原の号泣は、外まで聞こえてきた。原はすぐに表に出てくると小走りに帰ろうとした。

私は追いかけてトンネルの前で話を聞いた。

「先生のあの独特の作風が、もう二度と見られないと思うと……。(中略)〝こわい監督〟といわれていました。しかし私は決してそうは思いません。冗談もお好きでしたし、対人関係も礼儀正しい方でした。せめて、もう一度、小津先生とごいっしょに精いっぱいの仕事ができたらと、それだけが、ほんとうに心残りです」

それだけいうと闇の中に消えた。(『小津安二郎と茅ヶ崎館』)

原節子は小津が亡くなった前年の『忠臣蔵 花の巻・雪の巻』以来、映画には出演していなかった。引退発表もない。彼女が公的な席に姿を見せたのはこの日が最後。そのまま隠遁《いんとん》生活に入り、存在は神格化された。

小津と原の間に恋愛感情に近いものはまちがいなくあったと思う。しかし、それ以上に発展することはなかった。それだけの話である。

男女十組いれば、十の事情と十の関係があるのだし、結婚、愛人などといったお互いを縛る関係だけが男女の関係ではない。友情と恋情の間の関係をずっと続けることも可能だ。いや、友という言い方は適切でないかもしれない。小津と原節子の関係を表現するには「盟友」や「同志」の言葉のほうが似合う。

原節子は『晩春』『麦秋』ではなかなか結婚に踏み切れずにいる娘を、『東京物語』では義理の両親と心を通わせるやさしい戦争未亡人を演じた。ヒロインの名前から「紀子三部作」と呼ばれるこの三本は小津映画の頂点を示す作品だ。二人の出会いが奇跡的な映画を生んだことにファンとしては感謝するのみである。

なお、小津の命日には墓前に必ず真紅のバラ一輪が供えられ、それは原節子によるものだと小津ファンの間で語られたことがあった。上出来の都市伝説である。

小津の言葉 47

芥川の『侏儒の言葉』に
〝人間の不幸は親と子という関係に始まる〟
というのがあるが、
肉親には肉親ゆえの嫌悪感がある。
この感情を子供達を通して描いてみたい。

（『産業経済新聞』昭和二十八年九月二十五日夕刊）

小津が三十二歳で初めて挑んだトーキー映画が『一人息子』だ。すでに日本映画はサイレントからトーキーの時代に移行しており、小津はトーキー映画を撮るのが遅い監督だった。なかなかトーキーを撮らなかった理由ははっきりしている。当時主流だった土橋式トーキーとは別に、小津の仕事仲間であるカメラマン、茂原英雄がトーキー装置の開発に成功するのを待ったからだ。「自分のトーキー第一作は必ず茂原式で」という茂原との男の約束を守ったのである。

劇中には東京に暮らす息子と上京した母が帝劇で見るウィリー・フォルスト監督作『未完成交響楽』が映し出される。わざわざ息子に「これがトーキーっていうんですよ」と説明させるあたりは小津の遊び心だろう。なお、主人公の母を演じた飯田蝶子はカメラマンの茂原の妻である。

映画の冒頭で示される「人生の悲劇の第一幕は親子となったことにはじまっている」という言葉は芥川龍之介の箴言《しんげん》集『侏儒の言葉』に出てくるもので、その後の小津映画すべてに通底する主題と言ってもいい。

十七年後に『東京物語』の製作意図を尋ねられたときもこう語っている。

「芥川の『侏儒の言葉』に〝人間の不幸は親と子という関係に始まる〟というのがあるが、肉親には肉親ゆえの嫌悪感がある。この感情を子供達を通して描いてみたい。（中略）私の表現したい人間は常に太陽に向って少しずつでも明るさに近づいている人間だ。したがってこの作品の製作意図は観客が自分の感情は抑えても親孝行をしようと思うような映画をつくることだ」

『一人息子』の脚本は、前年に撮りかけて中止の憂き目に遭ったサイレント映画『東京よいとこ』を改訂したもので、「東京」とついたタイトルが似ているだけでなく、内容も『東京物語』の原点を成すものとなっている。

物語は信州から始まる。父を早くに亡くし、息子（日守《ひもり》新一）と母（飯田蝶子）の二人暮らし。息子は成績優秀で、教師（笠智衆）に上級学校へ進むことを勧められる。

進学は製糸工場で女工として働く母にしてみれば考えもしないことだったが、息子の強い向学心を信じ、どんな苦労をしても大学まで進学させることを決心する。それから十年以上の時が経ち、母は息子に会うために胸躍らせて東京へやってくる。

しかし、そこで見るのは母が想像する出世した息子の姿とはまるで違っていた。迎えの息子といっしょに東京駅から乗ったタクシーから母が降りたのは、東京の場末の原っぱ。『出来ごころ』や『東京の宿』に描かれたのと同じ殺風景な世界である。

そのはずれの粗末な借家に暮らす息子にはすでに妻も、生まれてまもない赤ん坊もいる。市役所勤めだと思っていた息子の職業は夜学の講師。どれも母は報《しら》せを受けていないことばかりだった。

息子は母を東京見物に連れ歩くが、母の失望が消えるはずはない。二人がゴミ焼却場の煙突が見える埋立地に腰を下ろして言葉を交わす光景は、この映画でもっとも美しく、もっとも切ない場面である。

理想と現実の違いや故郷を捨てた後悔を静かに語る息子に対し、母は「まだこれからだ」とやりきれない気持ちで励ます。言葉は交わしても心は決して交わっていないその光景をロー・ポジションのカメラが淡々ととらえる。空には雲雀《ひばり》が鳴いている。

地方に暮らす母と東京で暮らす息子。

似た境遇を経験したことのある人なら、身につまされる映画だ。かく言うぼくも同じ立場の一人息子である。出来の悪い自分に対し母が立身出世を期待していたとはとても思えないが、落胆くらいはあっただろうと思う。

無常迅速。小津がよく口にした世界観がここにも息づいている。『一人息子』は時の流れや世の移ろいの早さと、その残酷さをペシミスティックに描いて底光りする映画である。

映画の終わりにはそれでも小さな希望が用意されている。「お母さんのために」と、妻が自分の着物を売ったお金は結局、ケガをした近所の子どもの手術費用に使われることになる。

息子の行為を見た母は誇らしさを胸に故郷に帰っていく……。

小津の言葉 48

紀子さん、パン食べない？アンパン。

『麦秋』昭和二十六年

原節子が「紀子」の名前でヒロインを演じた、いわゆる「紀子三部作」のなかで、いや小津安二郎の全作品のなかで、ちょっと言葉では表現しづらい不思議な雰囲気に包まれているのが『麦秋』である。

紀子は『晩春』と同様に婚期を逸しかけている二十八歳の独身という設定で、彼女の突然の結婚を契機に三世代同居の家族が離れ離れになっていく話だ。小津自身は「輪廻《りんね》」や「無常」という主題を、余白を残しながら描いたと語っている。

小津が言う余白から読み取れるものがあるとすれば、それは戦争や死だ。

映画の公開は終戦からまだ六年しか経っていない。東山千栄子が演じる母は戦死した次男（紀子の兄）の復員を今も待っている様子だし、紀子は見えない力に動かされたかのように死んだ兄の同級生との結婚を決心する。

まるで不在の兄があの世からこの世を見ているような気配が漂い、全編に死という主題がうっすら透けて見える。死は生の先にあるものではなく、いつも影のように生のそばにあるのだとも言っているようだ。

ラストの麦の穂が揺れる畑の向こうを行く花嫁行列など、あの世ともこの世ともつかない淡い世界の出来事のようで、他の小津作品にはない不思議な旋律を奏でている。

もう一つ、『麦秋』ならではの不思議な魅力に一役買っているのが食べ物だ。もともと小津の映画には食べたり、飲んだりするシーンが多いのだが、この作品は際立って多い。

小さな孫が「おじいちゃん、ごはん」と祖父を呼びにくる朝食シーンで幕を開けると、劇中に次々と食べ物、飲み物が出てくる。

ビスケット、天ぷら、ビール、キャラメル、日本酒、ショートケーキ、サンドイッチ、ジュース、食パン、お茶漬け、すき焼き。さらに実際には出てこないが、登場人物の口をつくのが、コーヒー、鯛の浜焼き、焼き飯、寿司、アンパン、コロッケ。

数ある食べ物のなかで、観た人の記憶に残るのがショートケーキとアンパンだろう。

ショートケーキは原節子が銀座で買ってきたもので、問題は九〇〇円という値段だ。当時の公務員初任給が六五〇〇円だから、べらぼうに高い。値段を聞いて、兄嫁役の三宅邦子が「食べるのいやになっちゃった」と愚痴をこぼす気持ちもよくわかる。

このショートケーキの存在により、物語の終盤、杉村春子の口から出るアンパンの台詞《せりふ》が重要な意味を持ってくる。

小津映画のファンならよく知っている名場面だ。杉村春子が息子（二本柳《にほんやなぎ》寛《ひろし》）のことを思い、「夢みたいな話だけど」と断りながら、

「あんたのような方に、謙吉のお嫁さんになって頂けたらどんなにいいだろうなんて」

と、切り出すと、原節子はこの話を「あたしみたいな売れ残りでいい？」と直感的に承諾してしまう。息子は翌日には秋田へ転勤する上、子持ちの身だ。

杉村春子は喜びのあまり、誰も予想し得ない素《す》っ頓狂《とんきょう》な言葉を口走る。

「紀子さん、パン食べない？　アンパン」

原節子にとって二本柳寛は小さい頃から身近すぎて、結婚の対象としてほとんど意識しなかった男と言っていい。その隠喩《いんゆ》がアンパンだという解釈も可能だ。

一方、ショートケーキが意味するのは、たとえば、原節子の上司が持ちかけた縁談相手の名家の男。あるいは彼女の母が望む「田園調布の芝生のあるハイカラな家の奥さん」を実現してくれそうな男性だ。しかし、原節子は後者を人生の伴侶には選ばなかった。

少し乱暴な言い方をしてしまうと、『麦秋』は原節子がショートケーキではなく、アンパンを選ぶ物語である。

もちろん、ショートケーキは優雅な生活を保証してくれる金持ちの男性であり、アンパンは自分の近くにいる、よく知った男性のことだ。

おそらく小津はこう言いたかったのだろう。

ありふれた日常のなかのごく身近な場所にこそ自分にとって一番大切な人はいるし、一番大切なものもあるのだと。

小津の言葉 49

間に合うってことは、つまんないことね。

『早春』昭和三十一年

ファム・ファタール。言うまでもなく、「運命の女」と訳されるフランス語である。親子や家族のかたちを描き続けた小津安二郎の映画には無縁にも思えるが、あえて小津映画のファム・ファタールを指名するなら、『早春』の岸恵子だろう。

『早春』は、『東京物語』から三年のブランクを経て公開された作品である。この間、田中絹代の監督作『月は上りぬ』実現のために奔走したという事情があったとはいえ、戦後は年一本のペースで映画を撮った小津には異例のこと。『東京物語』で映画表現の高みに到達した小津にとっては、結果的に次の作品を模索する助走期間になったのかもしれない。

小津が選んだのは東京郊外から都心に通勤するサラリーマンとその妻の物語だ

った。

池部良演じるサラリーマンが三十三歳、淡島千景の妻が三十歳という設定は、笠智衆や佐分利信ら熟年、老年を主人公にしてきた戦後の小津作品には珍しい。サラリーマン社会の出世や派閥、左遷、転勤、転職といった要素がちりばめられ、その中心に不倫という問題が据えられているのだから、極めて今日的な物語でもある。

ところが、この映画、サラリーマン物やホームドラマの枠には収まらない奇妙な味がある。シリアスでもなく、かといって喜劇でもない。この独特の味わいのなかで一際《ひときわ》輝いているのが岸惠子だ。

小津は俳優を決めた上でシナリオを書いた。いわゆる当て書きである。もちろん、岸惠子が池部良の不倫相手にも決まっていたわけで、小津は彼女について、

「岸惠子はいいよ。身持ちが悪くって」

という独特の表現で賛辞を贈っている。

そして『早春』で彼女が演じたのが「ズベ公」と揶揄《やゆ》されたり、煮ても焼いても食えないから金魚というあだ名をつけられたりしているOL。さすがに「ズベ

公」はないだろうと思うのだが、劇中では「ジェラール・フィリップに似ている」とも評される池部良を惑わすに十分な色気を漂わせ、奔放にふるまう。

小津映画には貴重なキスシーンもある。絡みつくような細い肢体と浮世離れした甲高《かんだか》い声。当時二十四歳ながら、ついファム・ファタールと呼びたくなる匂いがする。

この映画の面白さに不倫に対する周囲の反応がある。池部と岸の二人を仲間たちが非難するだけでなく、査問会だ、吊し上げだと声を上げ、まるで今どきの芸能マスコミを見るようだ。一方、妻の淡島千景は愛想をつかして家を出るのだけれど、彼女の周囲にいる女性は案外冷静だ。ご近所の主婦（杉村春子）も、母（浦辺粂子《くめこ》）や友人（中北千枝子）もそれぞれ過去に夫の不倫を経験していて、そんなものはあって当然という態度を見せる。とりわけ、浦辺粂子が演じた母だ。自分の亭主の女癖の悪さを例に挙げて、

「折れるべき時に折れないとね、取り返しのつかないことになりますよ」

と、やんわり説得する。

しかし、もっと気になるセリフがある。淡島千景の友人が洗濯物のアイロンが

けを手伝いながら、具合の悪くなったアイロンの買い替えを淡島に提案する場面だ。

「アイロンぐらい買いなさいよ」
「買えりゃ買うわよ。でも結構それで間に合うんだもの」
「間に合うってことは、つまんないことね」

この何気ないセリフを額面通り受け取るわけにはいかない。何しろ小津と野田高梧が言葉の吟味を尽くしたシナリオである。映画の文脈から考えれば、夫も妻もお互い「まだ間に合っているうちは別れる必要はない」と解釈できなくもない。「間に合っている」とは少々忍耐を必要としても、夫婦関係を継続できるレベルにはあるといったところか。

そして、そんな夫婦関係は独身者から見れば「つまらない」となる。

一応、映画の終盤、池部良の先輩社員である笠智衆に「いろんなことがあって、本当の夫婦になるんだ」と正論を吐かせてはいるが、小津の真意はこの「間に合う」という表現に隠されているような気がしてならない。小津が考える夫婦像、ひいては生涯独身を通した理由とも結びつけたくなる。

小津の言葉 50

「お金があるから偉いの？」

「お金がなくて偉い人もある」

「お父ちゃんはどっちだい」

「どうしてお前たちはそんな事をうるさく聞くんだ」

「矢張り偉くないいんだよ」


『大人の見る繪本《えほん》　生れてはみたけれど』昭和七年

『生れてはみたけれど』は東京郊外に引っ越してきたサラリーマン一家の話である。

ある休日、父（斎藤達雄）が勤める会社の重役宅で十六ミリ映画の上映会があるというので、小学生の息子たち（菅原秀雄、突貫小僧）も一緒に出かけていく。

ところが、そこに映し出されるフィルムのなかにいる父親はふだんの威厳ある父とはまったく違う。重役に媚びへつらい、嬉々として道化《どうけ》を演じている。しかも、重役の息子は兄弟がふだんは子分のようにしている同級生である。兄弟はいたたまれない気持ちで部屋を出ると、そのまま家に帰ってしまう。

それまで父が一番偉いと信じて疑わなかった兄弟は、あとから帰宅した父に「お父ちゃんは僕たちに偉くなれ、偉くなれと言ってる癖にちっとも偉くないんだね」「お父ちゃんだって重役になればいいじゃないか」と抗議する。

さらに前掲のような子どもらしい疑問をぶつける。しかし、父に兄弟を説き伏せるだけの言葉はなく、とうとう最後は彼らの尻を叩いて、さらなる反抗を買うはめになる。

大人の側、つまり父親の側から見れば、家父長の威厳と会社での立場を使い分けて生きなければならないサラリーマンの悲哀が描かれている。子どもの側に立てば、十六ミリフィルムを見ながら体験したのは父親の権威失墜だ。子どもには外の世界をはっきり認識しなければならない時期がある。父や母を中心とした内なる世界とは別の、その小さな世界を包み込んでいるもっと大きく、複雑な世界。そのような現実世界を知る契機となったのが映画というところが興味深い。プライベートフィルムではあるけれど、小津は映画が社会を知る窓としての機能を持っていることを観客に強く意識させる。テレビが登場する以前、映画は人が社会を知る上でもっとも有効なメディアの一つだったのだ。

兄弟の試練は「父の権威失墜」体験だけではない。新しい土地に引っ越すことは、新しい仲間との秩序のなかに組み込まれていくことでもある。子どもの世界には子どもの世界特有の厳然としたヒエラルヒーが待っていて、新参者の兄弟もおいそれとは仲間に入れてもらえない。

『生れてはみたけれど』で描かれるのも、あたまから三分の二は子どもたちの世界である。映写会のくだりは終盤だ。

最初は弟がガキ大将グループに泣かされる。復讐戦に出向いた兄も大将に負けると、二人は学校へも行かなくなる。しかし、知恵と腕力でグループ内のトップに上り詰めていく。そんな経験があるから、父の姿はますますだらしなく見える。

小津と脚本家の伏見晁《あきら》はこの作品のために子どもたちのさまざまな遊びを集め、その一部を採用している。たとえば、ガキ大将が額に二本指を立てて念じると、仲間がその場に倒れる遊び。当時の映画か何かの影響なのだろうが、これを知らない兄弟はガキ大将の言いなりにならないため、さらに反感を買い、喧嘩を売られる。

内容が暗いという理由で都市部での上映が二か月も遅れた作品でもある。しかし今見ると、子どもたちのやりとりは楽しく、現実社会をカリカチュアライズしたメッセージが小津独特の喜劇風味に溶け込んでいて、暗さは感じさせない。

ぼくは少年二人が新しい世界で思いもかけぬ体験を重ねていく姿に、『スタンド・バイ・ミー』と同様の冒険物語の匂いを感じる。ガキ大将との喧嘩も父への反抗も、彼らが成長するための通過儀礼のようなものだ。

子どもたちと父の和解の描写は微妙というか、曖昧だ。それでも、朝、父といっしょに登校する途中で重役とその息子を乗せた車に出くわすと、子どもの手前、気づかないふりをしている父に、兄弟はちゃんと挨拶するよう促す。父に家にいるときとは別な顔があることをすでに心得ているのだ。

ぼくはこのラストに、昔の洋酒のコマーシャルにあったコピーを思い出す。

働いているお父さんより、遊んでいるお父さんのほうが、好きですか。

小津の言葉　51

いやなのに我慢して、学校へ行って、本を読むから、勉強なんだ。チャンだって、いやなのに、工場へ行って働くから、お給金が貰えるんだ。

『出来ごころ』昭和八年

小津が戦前に撮った一連の人情喜劇のなかに「喜八もの」(『出来ごころ』『浮草物語』『箱入娘』『東京の宿』)と呼ばれるシリーズがある。

どの作品も戦前の小津映画の看板、坂本武演じる主人公の名前が「喜八」であることに由来し、そのキャラクターの造型は小津の子どもの頃の実体験に基づいている。

「僕は深川で育ったんだが、その頃家に出入りしていた者に、のんびりしたいい奴がいてね、それが大体《だいたい》喜八のモデルになってるんだ。池田も御徒町にいて、そういう奴を見てるから、二人で人物を創り出したわけだ」(『キネマ旬報』昭和二十七年六月上旬号)

池田とは池田忠雄。戦前、小津がコンビを組むことが多かった脚本家だ。二人が創造した喜八とは、人情にもろく、女に惚れっぽい。しかも意地っ張りで早とちりで、無学ときている。落語に出てきそうな江戸っ子。坂本武のごつい風貌もあって、彼が見せる行動は後年の松竹映画『男はつらいよ』の車寅次郎を連想させなくもない。

「喜八もの」のなかでは『出来ごころ』が文句なしに面白い。

小津自身は「『浮世絵を銅版画で見せよう……』というネライだった」（『小津安二郎・人と仕事』）と語っており、日本の人情話をアメリカ映画のようにカラッと見せたかったというところだろうか。軽妙なユーモアがあり、ホロッとさせられる場面があり、それでいて湿っぽくない。

『出来ごころ』の喜八はビール工場で働く男やもめ。息子の富坊（突貫小僧）と長屋暮らしだ。隣に住む次郎（大日方傳《おびなたでん》）は仲のいい会社の同僚で、喜八の弟分のような存在。ある夜、喜八は寄席《よせ》の帰りに、職を失って路頭に迷っている若い女の春江（伏見信子）に出くわし、持ち前の親切心から働き口を世話してやる。

以来、喜八は彼女に熱を上げ、工場を休んで彼女が働く食堂に入りびたり。しかし、春江が好きなのは次郎。喜八はそれを知り、二人をくっつけるために尽力する。

一途な恋をしながら最後には身を引かなければならない展開はやはり『男はつらいよ』と似ている。しかし決定的な違いは風来坊の寅さんに対し、喜八は子連れだということだ。「男はつらいよ」ならぬ「子持ちはつらいよ」。喜八の葛藤もそこにある。

男が父親であることを自覚するのは子どもが生まれた瞬間からだろうか。妊娠の頃から徐々に母性本能を目覚めさせ、赤ん坊が産声を上げたときには一人前の母親となっている女性と比べると、その社会的責任に気づくのは遅い。しかも自分のなかの子どもっぽさはなかなか抜けきらない。

父であることなど忘れ、目の前の関心事（たとえば恋）に熱中してしまう。正直すぎる喜八はそんな男のダメさ加減を存分に見せてくれる。

しかし子育てに正解などない。どんなに手塩にかけて育てても、ろくでもない人間に育たないとは限らない。ジョージ・ワシントンの桜の木のエピソードも知らない喜八は、子どもに教えるより子どもから教えられることばかりだ。「いやなのを我慢するから学校も仕事も見返りがある」という理屈はそんな喜八の精一杯の教育論である。

やがて父の滑稽な様子は近所で噂になる。富坊は友達にもからかわれ、すっかりしょげかえる。家に帰ると、腹立ちまぎれに父の大事な盆栽の葉をすべてむしってしまう。帰宅した父に殴られた富坊が「親のくせに新聞も読めないいじゃないか」と反抗すれば、喜八は「新聞は溜めて屑屋《くずや》に売るもんだい」と反論し、二人は派手な喧嘩を繰り広げるのだが、これが胸を熱くする。とくに呆然となった喜八が富坊に三十発、四十発と延々とビンタを張られ続ける場面だ。涙が止まらない富坊。やがて切ない顔でつぶやく喜八。

「チャンはこの頃どうかしてるんだ。こんな頼りないチャンだが恨んでくれるなよ」

二人が一緒になって喚《わめ》き、怒鳴り、悲しみ、許し合う光景には理屈を超えて親子が真正面からぶつかる爽快感がある。バカボンのパパじゃないけれど、これでいいのだ。子育ての本質を見せられた気がする。

最後は病気になった富坊の治療費返済のため、喜八は北海道への出稼ぎに単身船に乗るのだが、急に息子のことが気になり、船から海へ飛び降りてしまう。この無鉄砲さが清々しい。小津映画一番の痛快作である。

小津の言葉 52

「人間なんてなんにも知らねえ子どものうちが一番だね」「馬鹿な話ですけど、もう一度子どもになりたいと思いますわ」

『東京の宿』昭和十年

同じ「喜八もの」でも『出来ごころ』よりずっとシリアスな内容なのが『東京の宿』である。サイレント映画だが、観客に音楽だけは聞こえる「サウンド映画」という形式でつくられている。

女房に逃げられた喜八（坂本武）は息子二人（突貫小僧、末松孝行）と職を求め、下町の殺伐とした工場地帯をさまよい歩く。けれど工場の門番に門前払いを食わされるばかりで、木賃宿に泊まったり、野宿したりのその日暮らし。似た境遇の母娘、おたか（岡田嘉子《よしこ》）と君子（小嶋和子）に出会い、子ども同士すぐ仲良くなる光景が微笑ましい。

喜八はその後、昔なじみのおつね（飯田蝶子）のおかげでなんとか職にありつく。しかし、病気の娘の入院費を稼ぐために飲み屋で働いているおたかに再会すると、彼女たちを放っておけない喜八はあろうことか泥棒を働いてしまう。


大恐慌時代の深刻な就職難を背景にした悲劇である。

前半は江東の工場用地を歩くシーンに終始し、炎天下の無人の原っぱが親子の徒労感や絶望を映し出す。まるで砂漠のように見えてくる。同時に、今から九十年も前の景色でありながら、ぼくの目には未来の東京にも映る。この前半だけ見ていると、SF世界の廃墟のようだ。『スター・ウォーズ』でおなじみのロボット、R2－D2とC－3POがトボトボ歩いていても少しも違和感がない。

この見事なまでの東京砂漠で、空腹の親子がジェスチャーで酒を飲んだり、好きなものを食べるふりをするシーンが秀逸だ。ふと頭に浮かんだのは「足るを知る」という言葉。人はとりあえず今日食べるものがあって、今日寝る場所さえあれば、十分幸せだと思うべきかもしれない。

「何も知らない子どものうちが一番」「もう一度子どもになりたい」という会話は、この無人の原っぱで遊ぶ子どもたちを見ながら、喜八とおたかがしみじみと交わすものだ。おそらく小津自身の気持ちでもあったはずである。

たとえば、小津は昭和三十四年、五十五歳のときに松阪時代の中学の旧友にこんな手紙を出している。

無常迅速
もう一度中学生になり度《た》いなあ
会い度い会い度い
もう一度中学生になり度いなあ
小津安二郎

たまたま大船の撮影所で遊んでいたところを小津によって発見され、小津映画の常連となった子役の〝突貫小僧〟こと青木富夫もこんな思い出を語っている。

「先生とのつきあいは面白かった。なにしろ、ぼくにとっては『偉い先生』ではなく、『優しいオジさん』でしたからね」(『小津安二郎 新発見』)

小津は子どもを描くのに長《た》け、子役を扱うのがうまかったというが、それは小津が心底子ども好きであり、自分のなかに子どもの心を持ち続けていたからだと思う。

出版社に勤めていた昔、信頼する先輩からクリエイターに必要なのは「知性」と「痴性」と「稚性」だと教えられたことがある。

小津にはもちろん知性や教養があった。人から見たらつまらないことにも熱中するのが痴性で、書痴の言葉もあるくらいだから、これにも小津は当てはまる。酒を飲んでの道化も痴性の表れだろう。そして、稚性は子どもの頃から変わらない好奇心をずっと失わないこと。小津にとっても想像力や表現力の原点だったはずである。

五十を過ぎても臆面もなく「あの頃に戻りたい」と、友に手紙を出す小津の無邪気さ、素直さが素敵だ。

大人だって、誰もが最初は子どもだったのだ。子どもの心を捨てたから大人になれたわけではない。生涯、子どもの心を守り通してこそ真の大人なのだとぼくは思う。

小津の言葉 53

その真鍮を黄金《きん》にするんだよ。それが本当の夫婦なんだ。

『彼岸花』昭和三十三年

小津の初めてのカラー映画『彼岸花』では赤が大いに主張している。赤いヤカン、赤い紬《つむぎ》の帯、着物の裾が少しめくれるとチラリと見える八掛《はっかけ》の赤、赤い魔法瓶、赤いスキーバッグ、赤いランプシェード、ラーメン屋の赤い引き戸、上半分が赤い湯呑み、赤と黒のラジオ……と、次々に赤が目に飛び込んでくる。

こうした赤が小津好みの垂直と水平の線が織り成す構図の中にレイアウトされると、日本家屋がモンドリアンの絵画のような、リズミカルな色彩世界にも見える。

『彼岸花』は『晩春』同様、娘の結婚を巡るちょっとした騒動を描いた作品だが、本当の主題は男という生き物のいい加減さや滑稽さではないかとぼくは思っている。

主人公の父親（佐分利信）の結婚観にそれがよく出ている。

知人の娘（山本富士子）に対し、最初は「結婚なんて黄金だと思ったら真鍮《しんちゅう》だったたって話もある」と言っておきながら、終盤にはこれをあっさり否定してしまう。

「その真鍮を黄金にするんだよ。それが本当の夫婦なんだ。ね、結婚おしよ」

このとき、話を聞かされる山本富士子の着物は青と黒の格子柄に鮮やかな赤の帯。小津は赤という色に託して、こう言いたかったのではないか。

美しい女性を前に男が御託《ごたく》を並べるときは「全部真っ赤な嘘なんだよ」と。

小津の言葉 54

神様がこしらえたものの中でも、音楽は出来のいい方だぜ。

『非常線の女』昭和八年

小津版フィルムノワールとも言える作品が『非常線の女』だ。ボクシングジム、キャバレー、ビリヤード場などが描かれ、畳の部屋はほとんど出てこない。そのモダニストぶりと乾いた眼差しがやがて日本家屋を独特のタッチで見せることになる。

清楚な田中絹代が昼はタイピスト、夜はギャング（岡譲二）の情婦を演じ、ピストルまで構えるのに驚かされる。そのギャングがレコード店で音楽を聴きながら「神様がこしらえたものの中でも、音楽は出来のいい方だぜ」と言えば、田中絹代が「わかんの?」とからかう。そして、男は「見なよ、犬だって聴いてるじゃねえか」と気取る。犬とはビクターのニッパー犬。小津らしいユーモアが楽しい場面だ。

さて、小津映画における音楽の話である。
戦後、「ブギウギは好きか」と尋ねられ、「困ります。音楽はいい気持にさせてくれるのが好きです」と答えた小津には、自分の映画のサントラについても明確な考えがあった。
「ただ場面が悲劇だからと悲しいメロディ、喜劇だからと滑稽な曲、という選曲はイヤだ。音楽で二重にどぎつくなる。悲しい場面でも明るい曲が流れることで、却《かえ》って悲劇感の増すことも考えられる」（『東京新聞』昭和二十七年十二月二十六日）
小津は音楽に人物の心理状態を代弁させるのを一番嫌った。小津映画に大げさなメロディが流れることはなく、サラッと明るい、軽快な曲が多いのも肯《うなず》ける。

小津の言葉　55

奥さんに威厳を示す人もいるけれど、

あれはあんまりよくないよ。
奥さんには花を持たせなきゃいかんよ。
奥様はね、旦那様を押えているると思っているのが
いい気持なんだから、まあ、そうっとして置くんだね、
なんと言うかなア、ほら子供を叱るときに
逆にほめるだろう、あれだよ、
つまり逆手だね。

『淑女は何を忘れたか』昭和十二年

小津の多彩な戦前の作品群のなかにあって、とりわけ洗練されたホームコメディ、それが『淑女は何を忘れたか』である。小津が敬愛したエルンスト・ルビッチ色がもっとも表れている作品で、小津にしてみればこれくらいはいつでもできるぜといったところだろうか。ルビッチタッチで楽しく遊んでいるようにも見える。

前作の『一人息子』が暗く、重苦しい作品だっただけに、小津のなかの表現欲求の振り子は明るく軽快な映画へと大きく振れたのかもしれない。

舞台もそれまでの東京の下町や郊外から、山の手へと移った。いわゆる上流階級の男女を描き、冒頭のタイトルクレジットに出てくる役名も「麴町のドクトル」、「牛込《うしごめ》の重役」、「御殿山《ごてんやま》の未亡人」、「大阪の姪」といった具合だ。「松竹の大スター」とクレジットされるのは上原謙で、本人役で一瞬登場する。

ぼくが信頼する映画の目利き、小説家の小林信彦はこの作品を「20世紀の邦画100」(『2001年映画の旅』)の一本に選んでいる。ちなみに小林信彦が選んだ百本に入った小津作品は全部で五本あり、ほかは『父ありき』『晩春』『麦秋』『東京物語』だから、評価の高さがわかる。大いに注目されてしかるべきお洒落な小津映画なのだ。

選評に「和製メルヴィン・ダグラスの斎藤達雄とモガの姪(桑野通子)がモダン都市東京を浮かれ歩く楽しい佳作」とあるとおり、当時二十二歳の桑野通子の潑剌とした魅力を堪能できる。

中野翠も『小津ごのみ』で桑野通子を「戦前女優で彼女ほど洋服を小粋にすっ

きり着こなした人はいないだろう」と絶賛し、斎藤達雄と二人、ともにロングコートとつばのある帽子というファッションでポケットに手を入れて歩く姿を「この全身モダンの二人が肩を並べて歩く。東京がまるでニューヨークかパリに見える」と書いている。

この表現は少しも大げさではない。

恥ずかしながら、ぼくが桑野通子の魅力を発見したのは二十年ほど前に小津のDVD全集が出て初めて本作を見てから。遅れてきたファンである。

桑野の魅力は原節子を筆頭とする小津映画のしとやかな正統派美人とは一味違う。顔は真野響子に少し似ているが、もっとキリッとした感じ。意志の強さが表情に出ている。その丸い小顔が手足の長い、ウエストのキュッと締まった抜群のプロポーションに乗っかり、背筋のシャンと伸びた身のこなしに華がある。

『淑女は何を忘れたか』での役どころは、大学教授の斎藤達雄と栗島すみ子夫妻の邸に大阪からふらりとやってきた姪。身勝手な妻に頭の上がらない斎藤は、嘘をついて桑野とバーで飲んだり、芸者遊びをしたりした末、桑野にずっと弱腰を非難されてきたこともあって、ついには口うるさい妻の栗島の頬を張ってしまう。

すると、亭主の男らしさに惚れ直したのか、栗島はすっかりしおらしくなる。叩かれたことを女友達に嬉しそうに自慢する姿がおかしい。

しかし、この一件をもって斎藤は強い亭主を演じるようになったわけでもなく、頬を張ったあとで妻を優しく気遣い、桑野にも「奥さんには花を持たせなきゃいかんよ」と夫婦円満の秘訣をもっともらしく説くというお話。

桑野通子は女優になる前はダンスホールのダンサーや今で言う企業のキャンペーンガールなどをしていた。彼女のことを気に入った小津は次回作の主演も考えていたが、出征でかなわずじまい。その後の小津作品への出演は『戸田家の兄妹』だけに終わっている。戦争がなければ、極めて個性的な小津映画のミューズとして輝きを放ったはずである。

桑野は上原謙との恋を経て、妻子ある一般男性との間に子どもをもうけるなど波乱の道を歩み、戦後まもない昭和二十一年、映画の撮影中に倒れて急逝した。彼女の遺児が桑野みゆきで、『彼岸花』と『秋日和』に出演している。つまり、小津の映画には母娘二代で出演したことになる。

『淑女は何を忘れたか』のラスト近く、彼女はボーイフレンドの佐野周二を前に、喫茶店の窓から銀座を見ながら呟く。
「うち、あしたの今時分もう大阪や」
どこか寂しげな目は桑野通子という女優の生涯を知った上で見るとちょっと切ないものがある。

小津の言葉 56

お父さんも随分気をつけてたつもりだけど、
やっぱり母親とはどっか違うんだね、
母親になら言えることでも、
お父さんには言いにくいことが
あったかも知れない。

『東京暮色』昭和三十二年

小津も迷える人であった。

こう書いてしまうと、「ぼくは豆腐屋だから豆腐しかつくらない」と自ら繰り返し語った信条を否定することになるかもしれないが、戦後の小津は自分が撮るべき映画の方向性で何度か迷い、試行錯誤したことは作品キャリアが示している。

劇的なドラマ性を排し、穏やかな日常のなかに深い人生の味わいを描いた『晩春』『麦秋』『東京物語』『秋刀魚の味』などを「小津調」の代表作とすれば、もっと刺激的なテーマを取り上げ、家族の暗部に迫ろうとした作品が一方には存在する。

「喜八もの」に連《つら》なる人情物の『長屋紳士録』に続き、戦後第二作として撮ったのが妻の不貞を描いた『風の中の牝雞』であり、『晩春』の次が気丈な妻と無気力な夫の確執を描いた『宗方姉妹』だ。『風の中の牝雞』では夫が妻を階段から突き落とし、『宗方姉妹』では夫が妻の頬を続けざまに張る。どちらも小津映画ではあまり見られない暴力シーンも用意された。さらに誰もが認める小津の最高傑作『東京物語』のあとに、夫の不倫を描いた『早春』、娘の妊娠中絶を扱った『東京暮色』と続く。

まるで振り子が揺れるように静謐《せいひつ》で安定した「小津調」と、暗く不安定なもう一つの小津世界が交互に現れるのだ。小津も映画作家として冒険を繰り返したに違いない。しかし、その冒険も『東京暮色』が最後で、これ以降は安定した世界から出ることはない。つまり、小津にとって『東京暮色』はキャリアの分岐点となった作品なのである。

母が愛人と駆け落ちしていなくなった家族の物語で、小津らしい抑制の効いた画面づくりが映画全体の感触をさらに冷え切ったものにしている。父（笠智衆）は実直だが、妻に裏切られた過去を引きずり、長女（原節子）は夫との不和が原因で幼い子と実家に戻っている。次女（有馬稲子）は軽率な恋愛から身ごもり、相手の男は彼女から逃げ回るばかりだ。加えて、家族を捨て今は麻雀荘を営んでいる母（山田五十鈴）が現れる。全員が悩みを抱え、しかも事態は深刻さをどんどん増していく。

次女が妊娠中絶後、自宅に戻って姉の赤ん坊を見る場面の異様な怖さや、母に自分の本当の父親が誰かを詰問する場面の緊迫感はほかの小津映画にはないものだ。

結末は電車に撥《は》ねられた次女の死。事故か自殺かは明確にはされていないが、酔ったうえでの衝動的な自殺と考えるのが自然だろう。

小津自身は後に『東京暮色』についてこう語っている。

「ぼくとしてはむしろ笠さんの人生——妻に逃げられた夫が、どう暮らして行くかという、古い世代の方に中心をおいてつくったんです」（『キネマ旬報』昭和三十五年十二月増刊号）

しかし、主役は明らかに有馬演じる次女である。彼女に感情移入するほうが自然だ。

若さゆえの純粋さや狭量が彼女を生きづらくしている。だから、突然目の前に現れた母の生き方を強く否定し、同時にそこに自分の未来を見て絶望する。

おそらく彼女の目に父の姿はほとんど見えていないし、その意味ではこの映画は「父の不在」を描いた秀作である。父にできるのは娘の死後、「母親にならえることでも、お父さんには言いにくいことがあったかも知れない」と漏らすことくらい。恋愛の相談を含め女の子が友達のように話せる相手は母であり、そこに父親が入り込むスキはあまりない。

『東京暮色』が突きつけるのは、常に子どもを見守り続けているようで、実は子どもを一番見ていないのが父親なのだという痛切な現実だ。

興行成績も公開時の評価もよくなかったが、プロデューサーの山内静夫によれば小津はこの作品を気に入っていたという。

「『いや、俺はあの作品が好きだ』と、はっきり私に言いましたね。私も『ひじょうに好きだ。あれはいい』と言いましたしね。『少し変わったことをやったほうがいいですよ』と酒の上では言いましたけれど」(『東京人』平成十五年十月号)

この作品で小津は脚本家の野田高梧と意見が対立したと伝えられる。結局、小津は野田の意向に沿うように『晩春』路線へと戻って行った。二人が手を組んだその後のカラー作品も素晴らしい。しかし、こっちの路線の小津映画も見たかった。

小津の言葉 57

「なかなか親の思うようにはいかんもんじゃ。欲言や切りゃにゃあが、まァええほうじゃよ」

「ええほうですとも、よっぽどええほうでさあ。わたしら幸せでさぁ」

「そうじゃのう。まァ幸せなほうじゃのう」

「そうでさあ、幸せなほうでさぁ」

『東京物語』昭和二十八年

映画ファンなら一度は見ているはずの小津の代表作が『東京物語』である。この会話は笠智衆と東山千栄子の老夫婦が東京からの帰路、東山の体調不良により大阪で途中下車し、三男（大坂志郎）のアパートで交わしたものだ。

実は、ほぼ同じ内容の「欲を言えばきりがない」「私たちは幸せ」といったセリフが、『麦秋』にも二度出てくる。どちらも自分たち自身に言いきかせる諦念の言葉なのだが、なぜか『東京物語』のほうに言葉としての強さを感じる。

『麦秋』は家族がゆるやかに解体されていく過程を描いた作品である。その途中で、老夫妻は「今が一番楽しいときかもしれないよ。欲を言やきりがないよ」と、やがて訪れる家族の離散をすでに予感しているようにつぶやき、現実に家族が離れ離れになったラストシーンでも同じ言葉を漏らす。妻の「でも、ほんとうに幸せでした」の言葉は子どもや孫と過ごした時間を懐かしむ悲しい響きがあった。

これに対し、すでに家族が解体されてしまったことを確認する過程を尾道から東京への「旅」というかたちで描いたのが『東京物語』だろう。

『麦秋』のなかで、原節子の女友達（淡島千景）が面白い幸福論を展開している。

「幸福なんて何さ！　単なる楽しい予想じゃないの！　競馬にいく前の晩みたいなもんよ。明日はこれとこれ買って、大穴が出たら何買おうなんてひとりでワクワクしているようなもんよ」

『東京物語』は老夫婦が東京で暮らす息子や娘に会うため、上京の旅支度をするところから始まる。さすがに競馬の大穴的中を夢見るような興奮はないだろうが、子どもたちがどう成長しているか、少なからず期待はあったはずだ。

しかし、東京で医師となった長男（山村聰）の医院も、長女（杉村春子）が経営する美容院も場末にあって、暮らし向きは楽そうでない。両親を歓迎しながらもどこかもてあまし気味で、ついには体《てい》よく熱海に行かせてしまう。

老夫婦が若い宿泊客の喧騒で夜も満足に眠れず、早々に帰ってくると、長女は露骨に邪魔者扱い。二人を親身になって歓待してくれるのは戦死した次男の未亡人（原節子）だ。

「とうとう宿無しになってしもうた」と苦笑いする笠智衆のたたずまい。当時まだ四十九歳だが、見事な老けぶりだ（映画での設定は七十歳）。笠は長女の家を出ると、久々に再会した旧友の東野英治郎らと散々飲んで愚痴をこぼす。

「もうちっと、せがれがどうにかなっとる思うとった。ところが、あんた場末のこまい町医者じゃ。（中略）わしも不満じゃ。しかしのう、これは世の中の親いうもんの欲じゃ。欲張ったら、きりがない。こりゃあ諦めにゃあならんと、わしは思うたんじゃ」

こうした小さな失望や落胆が、妻との「まァええほうじゃよ」の会話につながる。

時は流れ、世は移ろい、子どもたちも故郷で過ごした頃とはすっかり変わった。今はそれぞれ自分の生活を守ることで精一杯で、ずっと楽しみにしていた東京への旅は、はからずも親子の想いのずれを確認する旅となってしまったのである。

それでも老夫婦の会話には暗さがあまりない。『麦秋』でも老妻を演じた東山がここでも「わたしら幸せでさぁ」と現状を肯定する表情に、ぼくは諦念より、子どもたちの変化も、さらには自分の老いや身近に迫った死さえも楽天的に受け入れる達観を見てしまう。

故郷の尾道に帰ってからその母が亡くなり、子どもたちが一堂に会するが、自分本位な実の子どもたち（とくに杉村春子）と、心優しい次男の嫁という構図は変わらない。しかし山村や杉村は本当の親子だから言いたいことが言えるし、邪険なふるまいもできる。義理の親子関係でしかない原節子とは距離が違う。この距離が原節子と東山千栄子、原節子と笠智衆の場面を美しいものにしている面は否定できない。

気になるのは尾道で幸せなときを過ごした原節子のそれからだ。

劇中で描かれる彼女の職場やアパートの様子は必ずしも幸福な独り暮らしを想像させない上、帰りの列車に乗った原の顔は険しい。『晩春』『麦秋』に続き、原節子が「紀子」の名前でヒロインを演じた「紀子三部作」の最終章は、都会の独り身の辛さを描いた作品として見ることもできる。

小津の言葉 58

たらちねの母を背負いてそのあまり
重きに泣きて楢山にゆく
ここが楢山なら、
いつまでもいてもらっていい。

負っていく世話がなくて、僕も助かる

（『アサヒカメラ』昭和三十三年八月十日号）

小津は昭和二十七年に鎌倉に小さな家を買った。それまで野田市の借家に暮らし、結婚したばかりの小津の弟・信三とは隣どうしだった母・あさゑを引き取って二人で暮らし始めた。楢山《ならやま》とは深沢七郎の小説『楢山節考』でも知られる姥捨《うばすて》山《やま》のこと。照れ屋で諧謔《かいぎゃく》の人であった小津らしい言い方で、母への想いを語ったわけである。小津は人に母のことを話すときは決まって「ばばあ」と呼んだ。もちろん、これも照れ。「ばばあは僕が飼育している」「ばばあがいるから僕は結婚できない」と、ぞんざいな言い方をした。

母もまた冗談が自然に出る人だった。小津の留守に友人・知人が訪ねると「せっかく来ていただいたのに、安二郎の家内が留守でござんしてね、こんな婆さんで勘弁してくださいね」と応じた。

小津が結婚しなかったのはこの母親がいたからとも言われるが、ぼくにはそうは思えない。小津関連の本を読んで感じるのは、母と子の間の風通しのよさである。

「ばばあ」という表現を連発するタレントに毒蝮三太夫《どくまむしさんだゆう》がいる。お年寄りを「ばばあ」だの「くたばりぞこない」だのと呼ぶのだが、呼ばれたほうも喜んでいるふうだ。毒蝮によれば「ばばあ」は尊称であり、愛情表現らしい。「嫌われることを言って好かれる知的遊戯みたいなもの。そこには知性が必要なんだ」と彼が語るのを新聞か雑誌で読んだ記憶がある。小津も膝を打つはずの名言だ。

小津の言葉 59

「戦争は厭だったけど、時々あの時のことがふッと懐かしくなることとあるの。あなた、ない？」
「ないね。おれァあの時分が一ばん厭だった。

物はないし、つまらん奴が威張ってるしねぇ」

『彼岸花』昭和三十三年

似たセリフは『秋刀魚の味』にもある。

かつて駆逐艦の艦長だった笠智衆が部下の加東大介と偶然再会し、バーで軍艦マーチを聴きながら戦争の頃を振り返るシーンだ。酔って「もし日本が戦争に勝ってたら、どうなってますかねえ？」とすっかり饒舌《じょうぜつ》になっている加東が、笠に「けど敗けてよかったじゃないか」と諭され、あっさり納得する。

「そうですかね。うーん、そうかもしれねえな。バカ野郎が威張らなくなっただけでもねえ。艦長、あんたのことじゃありませんよ。あんたは別だ」

つまらない奴が威張っていたというのは小津自身の実感だったようだ。シンガポールで終戦を迎えたときのことも皮肉を込めて、こう書いている。

「敗戦の色が濃くなると、軍人をはじめとするお偉方たちが、戦争に負けたら切腹するといきまいていた。（中略）いざ敗戦になると、切腹を叫んでいた軍人たちの負けっぷりが、実に鮮やかなのである。アッサリ、手をかえすように負けてしまった。これをみてぼくは、日本人にも必ず敗戦の伝統がある。歴史上一度も負けたことがないというけれど、ぼくたちの血の中には、きっと負け戦《いく》さの経験が流れているんじゃないか——と思った」（『キネマ旬報』昭和三十五年八月下旬号）

小津は昭和十二年、『淑女は何を忘れたか』を撮った後に出征し、約二年間中国を転戦した。このとき、国際法違反の毒ガス戦にも参加しており、おそらく戦場で見てはならない地獄絵図に遭遇しているはずである。

帰国後、小津が再び従軍するまでの四年間に撮ったのは『戸田家の兄妹』と『父ありき』の二作。周囲から期待された戦争映画を撮ることはなかった。それどころか、この二作は戦時下につくられたにもかかわらず、軍服を着た人物が一人も登場しない。

実は戦地から帰って最初に企画したのは『お茶漬の味』だった。シナリオに出征前夜に夫婦がお茶漬を食べながらしみじみ語るというシーンがあり、軍の検閲で「出征祝いに茶漬とは何事か。赤飯ではないか」とクレームがつくと、小津はすぐに映画化を取り下げた。そこにあるのは反戦思想というより、時流に迎合しない小津らしい反骨である。

昭和十八年からは陸軍参謀本部の意向により、国策の記録映画を撮る目的で報道班員としてシンガポールに行くが、戦況の悪化で映画の話は自然消滅している。

そして、任務から解放された小津を幸運が待っていた。イギリス軍から接収した映画フィルムを百本近く見ることができたのである。なかには小津が好きなジョン・フォードやウィリアム・ワイラーの作品、ディズニーのカラー映画『ファンタジア』や話題の『市民ケーン』『風と共に去りぬ』『怒りの葡萄』などもあった。

七年に近い戦地を経験し、生きて帰った小津が何を考え、その後の映画をつくったかはわからない。自分の撮りたいものしか撮らないのだという覚悟は以前にも増して強くなったのではないか。戦後も戦争映画は撮っていないし、反戦をあからさまに謳《うた》うような映画も撮らなかった。

しかし、小津の映画はそこかしこに戦争が影を落としている。『彼岸花』や『秋刀魚の味』がそうであり、『晩春』の原節子は戦時中の強制労働で体を悪くしたという設定である。『麦秋』では次男が戦死し、未だにそれを受け入れられない母（東山千栄子）はラジオで復員者名の放送を聞いている。『東京物語』の原節子は戦争未亡人だ。

『東京物語』のラスト近く、原節子は義父の笠智衆に対し、自分がすでに戦死した夫のことを忘れ、思い出さないことも多いと告白する。「あたくし、ずるいんです」という言葉を繰り返し、この言葉を巡っては性的な心理を読み取るなどさまざまな解釈がされてきた。

ぼくは「ずるいんです」は亡き夫の思い出も戦争の悲劇もすっかり忘れ、日常の生活に埋もれていく自分を責める言葉として理解している。親友でもあった映画監督の山中貞雄をはじめ戦争で多くの友を失いながら自分だけは生き残った小津の気持ちでもあったはずである。

戦争に限らず、ぼくたちが死んだ人にできることと言えば、その人のことを記憶し続けることくらいだ。しかし、口で言うほど簡単ではない。

小津の言葉 60

いやぁ、一人ぼっちか……。

『秋刀魚の味』昭和三十七年

笠智衆が戦後の小津映画で主演を務めたのは『晩春』『東京物語』『秋刀魚の味』の三作。『晩春』『東京物語』での役名が周吉、『秋刀魚の味』が周平。名前が似ているだけでなく、三作とも笠が演じる主人公が孤独を嚙み締めるラストが用意されている。

『晩春』では娘の結婚式の夜、リンゴを剝きながらガクッとうなだれ、『東京物語』では妻の葬儀も終わって一段落した後、隣家のおかみを相手に「一人になると急に日が永《なご》うなりますわい……」と寂しそうに微笑む。

そして、『秋刀魚の味』である。やはり娘を嫁がせた夜、酔って軍艦マーチを口ずさみ、「一人ぼっちか……」の一言。このあと、よたよたと薄暗い台所に行って酔いざましの水を飲むと崩れるように椅子に座り、映画は幕を閉じる。

小津にしては、あるいは『晩春』や『東京物語』に比べれば、老いの孤独の描写は執拗でセリフも直接的である。しかも、その前に同じようなセリフをわざわざ別の人物にも言わせている。東野英治郎演じる中学時代の恩師だ。〝ヒョータン〟の愛称がある漢文の元教師が酔いにまかせて本音を漏らす。
「いやア、寂しいんじゃ。悲しいよ。結局、人生は一人じゃ。一人ぼっちですわ」

主人公の周平は五十七歳の設定である。脚本執筆時の小津は五十八歳。この年の二月には最愛の母を八十六歳で亡くし、本当の独り身となった小津にとって、周平の心情は自身の心情でもあったはずである。

劇中で繰り返される「一人ぼっち」の言葉は老いの孤独や絶望が、四十五歳で『晩春』を撮ったときとは比較にならないほど現実のものになっていたはずで、それがシナリオにも反映されたに違いない。主人公の周平について「いつも謹厳だが、こんどはノンダクレでふだんのボクに近いよ」（『日刊スポーツ』昭和三十七年八月十一日）と、自分の分身であることを遠まわしに認めている。

妻を亡くした父が娘を嫁にやるまでの物語。娘の嫁入りの朝のシーンに至るまで小津らしい軽快なタッチで『晩春』の展開がなぞられているが、『晩春』になくて『秋刀魚の味』にあるのが、「老残」という主題だ。

旧友に娘（岩下志麻）の縁談話を勧められてもまるで実感のなかった父（笠智衆）は同窓会に招いた中学時代の恩師を自宅まで送り届け、自分の未来を見せつけられる。さびれたラーメン屋のおやじをしている恩師と、酔った彼の面倒を渋々見る娘（杉村春子）。早くに妻を亡くし、主婦代わりをさせた娘はすっかり婚期を逃して中年だ。その光景に暗澹《あんたん》として真剣に娘の結婚をまとめようと動き始める。

すでに人生の終わりにさしかかっている恩師（七十二歳の設定）のわびしさ、切なさを軽妙に演じた東野がいい。うらぶれた父を前に自らの境遇を悲嘆して嗚《お》咽《えつ》する娘の杉村春子も強烈な印象だ。さらに、かつての恩師に対する教え子（中村伸郎）の冷たい目。

例によって旧友が集まって酒を飲みながら猥談《わいだん》するシーンは楽しく、団地暮らしの長男夫婦（佐田啓二と岡田茉莉子）の日常描写に喜劇の味がある。しかし、映画の至るところに、まるで痛点のように「老残」や「孤独」が埋め込まれたのが本作だろう。

『晩春』を戦後作品の出発点とすれば、小津は大きな円を描くように『秋刀魚の味』で再び同じ地点へと回帰した。

しかし、ぼくは『晩春』を鮮やかに換骨奪胎した『秋刀魚の味』は原点というより、新たな出発点だったと思う。たとえば岩下志麻に与えられた「路子《みちこ》」という役名だ。それまでのヒロインには使われていない新しい名前であり、小津の岩下への期待がわかる。今見ても『秋刀魚の味』の岩下志麻には大輪の原節子とは異なる、蕾《つぼみ》の美しさ（首筋の美しさなど小津のミューズのなかでも屈指）があり、ここから「路子三部作」が始まるのではないかという予感がする。

小津は『秋刀魚の味』公開の翌年、十二月十二日の還暦の誕生日に人生の幕を閉じる。その生涯を一つの映画と考えれば、これも小津らしいエンドマークの打ち方なのかもしれない。映画はエンドマーク後のあと味が勝負だと語った小津の言葉に倣えば、ぼくたちは六十年以上経った今も小津が残した映画のあと味を嚙みしめていることになる。

文庫版あとがき

ある美術大学で講師をしていた友人に頼まれ、前期と後期に一度ずつ小津映画について話したことがあった。友人が講師を辞めるまで五年ほど続いただろうか。講義のあと、「小津が大好きです。戦後の作品はすべて観ました」と嬉しそうに話しかけてくる学生に、こんな質問をされたことがある。

「小津が描いたものを漢字二文字で言ったら、何ですか。ぼくは月並みだけど、幸福かなと思います」

難問である。何しろ小津映画の本質を二文字で表現しなければいけないのだから。すぐに頭に浮かんだ答えは「時間」だ。小津の好きな言葉に倣《なら》えば「無常」。この世は一瞬一瞬何かが起こり、何かが消え、刻々と変化していく。

そんな容赦のない時間の流れを、小津は家族を題材に描いた。

しかし、このとき、ぼくは半ば無意識にこう答えていた。

「孤独じゃないかな」

今も答えは変わらない。

たとえば、『麦秋』で自分の結婚を家族に理解されず、台所で一人お茶漬を食べる原節子。『東京物語』の終盤、帰京の列車で義母の懐中時計に目を落とす原節子、そして隣家の細君に「一人になると急に日が永うなりますわい」と微笑む笠智衆。いずれのシーンからも伝わってくるのは孤独だ。

孤独死なんて言葉が頻繁に使われるせいか、今は孤独をネガティブに受け止める人が多い。しかし、人は誰しも一人で生まれ、一人で死んでいく。「孤独を味わうことで、人は自分に厳しく、他人に優しくなれる」と言ったのはニーチェである。そもそも何かをつくり、何かを生み出すというのは孤独な作業だ。小津自身、大勢のスタッフや役者に囲まれた撮影現場で指揮を執《と》るときでさえ、本人にしか分からない孤独を抱えていたはずである。

小津がすごいのは、孤独という主題をことさら重くも、深刻にも描いていないことだ。むしろ淡々と静かに、ときには明るく描いた。しかも映像は美しい。だから、観終わってしばらくしてから、まるでボディブローのようにじんわり伝わってくる。そして、また映画を観たくなってしまう。

キザを承知で言えば、この本を書くときにも傍《かたわ》らには孤独がいた。

それにしても、つくづく幸せな本だと思う。オリジナル『小津安二郎の言葉老いの流儀』が出たのが二〇一四年。その七年後には英訳版が出た。さらに小津の生誕一二〇年の節目にオリジナルのアップデート版『小津安二郎老いの流儀』が発刊され、今回、タイトルを『小津安二郎粋と美学の名言60』に変えての文庫化である。

多くの人との出会いがあってここまで来られた。環境デザイン研究所の塩田芳郎社長、オフィス小津の小津亞紀子さん、松竹の藤井宏美さん、ニューヨーク在住の翻訳家・竹田公子さん、『コモレバWEB』の二見屋良樹編集長、そして双葉社の湯口真希さん。

心よりお礼を申し上げます。

二〇二五年一月

米谷紳之介

映画監督　小津安二郎

東京の深川に生まれた「江戸っ子」である。父の故郷の三重県松阪市で青年時代を過ごし、1923年に松竹蒲田のカメラ部に入社。兵役を経て、『懺悔の刃』（1927）で監督デビュー。ギャグの多い喜劇監督として確かな地位を築く一方、『生れてはみたけれど』（1932）、『出来ごころ』（1933）、初のトーキー作品となった『一人息子』（1936）など庶民の哀感を描いた作品で高く評価される。また、エルンスト・ルビッチを始めとするアメリカの作家への造詣も深く、『非常線の女』（1933）のようなハードボイルドタッチの犯罪映画や『淑女は何を忘れたか』（1937）などの艶笑喜劇の佳作も生んだ。

豪華な俳優陣を揃え、興行的に大成功した『戸田家の兄妹』（1941）、笠智衆の初の主演作『父ありき』（1942）あたりから、低い固定画面で親子の風景を静かに見つめる「小津調」を確立。戦後は笠智衆と原節子を主演に迎えた『晩春』（1949）、『麦秋』（1951）、『東京物語』（1953）が名高く、原節子が演じた役名から「紀子三部作」とも呼ばれる。脚本はいずれも小津と野田高梧の共同で書かれた。カラーの時代に入ってからは『彼岸花』（1958）、『秋日和』（1960）、遺作の『秋刀魚の味』（1962）と、初期の作品にも通じるユーモアやウィットをまじえ、家族のドラマを軽やかに描いた。

技法的には移動撮影やパン、フェードイン、フェードアウトなどを嫌い、カメラを全編、低い位置（地上から約40cm）に固定した。さらに厳密な編集のリズム、独特なセリフ回し、薄っぺらな感情表現を嫌った厳しい演技指導など、映画が持つ自由奔放な視覚性に背を向けた手法によって世界でも類を見ない映像世界を作り上げた。晩年の作品に対しては時代や社会を描いていないとの批判もあったが、簡潔で美しい構図が切り取った家族の風景は今も生きることの切なさや愛おしさ、容赦のない時間の流れを観る者に伝え、心を揺さぶる。小津安二郎とは極めてユニークな独自のスタイルで映画の可能性を突き詰めようとした映画作家であり、死後、その評価が世界的に高まったのは当然だろう。

（1903年12月12日生まれ、1963年12月12日没）

小津安二郎の代表作

『大人の見る繪本 生れてはみたけれど』 1932年 上映時間91分

子どもたちを中心に展開する、一見明るい物語だが、家父長としての威厳と会社での立場の板挟みに遭うサラリーマンの悲哀がシニカルに描かれる。子どもが父を通して生臭い現実社会を知る作品でもあり、小津の喜劇センスが光るサイレント期の代表作。

『出来ごころ』 1933年 上映時間100分

東京の下町を舞台に戦前の小津映画の常連俳優、坂本武が主人公を演じた人情喜劇。お調子者で女に惚れっぽく、しかも最後に自ら身を引いてしまうところは後年の山田洋次監督作『男はつらいよ』の車寅次郎を予見させる。「小津調」からは想像できない痛快作。

『淑女は何を忘れたか』 1937年 上映時間71分

エルンスト・ルビッチの映画を思わせるソフィスティケーテッド・コメディ。小津のモダンな一面が開花した娯楽作で、はねっかえりの大阪娘を演じた桑野通子は小津のお気に入りの女優だった。『お茶漬の味』のヒロインに予定していたが、終戦直後に急逝した。

『風の中の牝雞』 1948年 上映時間83分

自分が犯した罪に対し、嘘をつけないヒロインの物語。男が感情をむき出しにして女を罵倒するなど、他の小津作品にない描写も用意されており、小津の全貌を知る上で重要な意味を持つ。衝撃的な階段落ちのシーンは『風と共に去りぬ』の影響と言われる。

『晩春』 1949年 上映時間108分

小津が脚本家の野田高梧と組み、原節子を初めて主演に迎えた記念すべき作品。婚期の娘と男やもめの父親が織り成す家族ドラマという戦後の小津映画のパターンはここから始まった。ラストに近い京都の宿での父娘のやりとりについてはさまざまな解釈がある。

『麦秋』1951年 上映時間124分

三世代が同居している家族の小さな日常、たとえば飲食のシーンなどにたっぷり時間を割きながら、共同体としての家族が崩れていくさまを悠然と描いている。小津自身にとっても会心の出来だったようで、この作品が到達した穏やかな深みは格別である。

『お茶漬の味』1952年 上映時間115分

お嬢さん気分が抜けきらないまま友人と遊び回っている妻と、仕事はできるがスマートさに欠ける無口な夫。倦怠期にあった夫婦がふとしたことから新鮮な気分を取り戻し、夫婦の絆を深めるという一席。戦時中、検閲で却下されていた脚本に手を加え映画化した。

『東京物語』1953年 上映時間135分

地方から上京した老夫婦が血縁の子どもたちには快く迎えられず、戦死した息子の嫁にやさしくもてなされる。全体のトーンはセンチメンタルで、小津自身「メロドラマの傾向が一番強い」と語っている。小津映画を初めて観る人にすすめるなら、やはり本作だ。

『東京暮色』 1957年 上映時間140分

妊娠中絶や事故死を扱うだけでなく、夫婦の不仲や妻の不貞が話題にされるなど小津映画の中にあって、最も深刻さが際立つ作品。ところが、音楽は斎藤高順が作曲した明るく軽快な「サセレシア」が流れてくる。この異化効果が映画の表情の彫りをより深くした。

『彼岸花』 1958年 上映時間118分

小津のカラー第1作にふさわしく、山本富士子、有馬稲子、久我美子といった美人女優が揃い踏みした華やかな作品。『晩春』や『麦秋』でおなじみの「娘を嫁がせる」までの話である。趣味のいいインテリアや絵画や着物。小津の美意識はカラー映画と相性がいい。

『秋日和』 1960年 上映時間128分

ドラマは法要のシーンで始まり、結婚式で幕を閉じる。中心にいるのは原節子演じる美しい未亡人と司葉子演じる一人娘だが、亡夫の悪友3人組が縁談を画策するなど悪ノリして、話を混乱させる。『晩春』と似た設定ながら、明るい喜劇に仕上がっている。

『秋刀魚の味』１９６２年 上映時間１１３分

婚期を逃しかけている娘と父親のかかわりを描いたところは『晩春』を踏襲しているが、隠れたテーマは「老いの孤独とわびしさ」である。死の予感がそこかしこに漂い、ユーモアの味付けも絶妙。洗練を極めた、小津映画の集大成ともいうべき遺作。

参考文献

『小津安二郎・人と仕事』編纂代表山内静夫・編集者下河原友雄・発行者井上和男　蛮友社
『小津安二郎全集』井上和男編　新書館
『小津安二郎　全発言』田中眞澄編　泰流社
『小津安二郎　戦後語録集成』田中眞澄編　フィルムアート社
『全日記　小津安二郎』田中眞澄編　フィルムアート社
『小津安二郎周游』田中眞澄著　文藝春秋
『小津ありき　知られざる小津安二郎』田中眞澄著　清流出版
『小津安二郎の芸術』佐藤忠男著　朝日新聞社
『小津安二郎の美学』ドナルド・リチー著（山本喜久男訳）フィルムアート社
『監督　小津安二郎』蓮實重彦著　筑摩書房
『絢爛たる影絵　小津安二郎』高橋治著　文藝春秋
『小津安二郎集成』キネマ旬報社
『小津安二郎物語』厚田雄春・蓮實重彦著　筑摩書房
『小津安二郎を読む　古きものの美しい復権』フィルムアート社
『小津安二郎の反映画』吉田喜重著　岩波書店

『大船日記　小津安二郎先生の思い出』笠智衆著　扶桑社
『小津安二郎』浜野保樹著　岩波新書
『いま、小津安二郎』小学館
『巨匠とチンピラ　小津安二郎との日々』三上真一郎著　文藝春秋
『小津安二郎映畫讀本「東京」そして「家族」』松竹映像版権室
『小津安二郎と茅ヶ崎館』石坂昌三著　新潮社
『若き日の小津安二郎』中村博男著　キネマ旬報社
『松竹大船撮影所覚え書　小津安二郎監督との日々』山内静夫著　かまくら春秋社
『人生のエッセイ　小津安二郎　僕はトウフ屋だからトウフしか作らない』日本図書センター
『小津安二郎日記　無常とたわむれた巨匠』都築政昭著　講談社
『監督小津安二郎入門40のQ&A』貴田庄著　朝日文庫
『小津安二郎の食卓』貴田庄著　ちくま文庫
『小津安二郎美食三昧　関東編』貴田庄著　朝日文庫
『小津安二郎文壇交遊録』貴田庄著　中公新書
『原節子　あるがままに生きて』貴田庄著　朝日文庫
『小津安二郎　新発見』松竹＝編　講談社
『小津ごのみ』中野翠著　筑摩書房

『平野の思想　小津安二郎私論』藤田明著　倉田剛編　ワイズ出版
『路傍の光斑―小津安二郎の時代と現代』岩井成昭著　P3 art and environment
『蓼科日記　抄』「蓼科日記」刊行会編纂　小学館スクウェア
『「東京物語」と小津安二郎　なぜ世界はベスト1に選んだのか』梶村啓二著　平凡社新書
『小津安二郎への旅　魂の「無」を探して』伊良子序著　河出書房新社
『世界の映画作家3　黒澤明』キネマ旬報社
『キャメラマン一代　私の映画人生60年』宮川一夫著　PHP研究所
『「いき」の構造』九鬼周造著　岩波文庫
『随筆　衣食住』志賀直哉著　三月書房
『日本の10大庭園』重森千青著　祥伝社新書
『イチローの流儀』小西慶三著　新潮文庫
『おい癌め酌みかはさうぜ秋の酒　江國滋闘病日記』江國滋著　新潮文庫
『東京人』平成九年九月号　都市出版
『東京人』平成十五年十月号　都市出版
『考える人』平成十九年冬号　新潮社
『KAWADE夢ムック　小津安二郎　永遠の映画』河出書房新社
『文學界』平成二十五年八月号　文藝春秋

『ユリイカ』平成二十五年十一月臨時増刊号「総特集小津安二郎」　青土社
『ブルータス』平成二十五年十二月一日号　マガジンハウス
『小津安二郎　大全』　松浦莞二／宮本明子編著　朝日新聞出版

（ＤＶＤ、Ｂｌｕ－ｒａｙ）
『小津安二郎ＤＶＤ－ＢＯＸ』第一集～第四集　松竹
『Ｃｏｌｏｒ　４　ＯＺＵ～永遠なる小津カラー』松竹
『宗方姉妹』東宝
『浮草』角川書店
『小早川家の秋』東宝

本書は2023年4月に刊行された単行本『小津安二郎 老いの流儀』を改題し、加筆・修正を施した上、文庫化した作品です。

また本文中、「白痴」「痴呆」「聾」など、今日の観点からすると、偏見や差別的、及び考慮すべき表現が含まれておりますが、これらの発言等は当時の世相や時代を反映しており、その制約から逃れられず、削除改変することが差別意識の解消にはつながらない、との観点からそのまま記載しました。

よろしくご理解のほどお願いいたします。

（編集部）

[協力]
オフィス小津

[スペシャルサンクス]
藤井宏美（松竹株式会社）
塩田芳郎（環境デザイン研究所）

双葉文庫

こ-34-01

小津安二郎《おづやすじろう》

粋《いき》と美学《びがく》の名言《めいげん》60

2025年2月15日　第1刷発行

【著者】

米谷紳之介《こめたにしんのすけ》

【発行者】

島野浩二

【発行所】

株式会社双葉社

〒162-8540 東京都新宿区東五軒町3番28号

［電話］03-5261-4818(営業部)　03-6388-9819(編集部)

www.futabasha.co.jp(双葉社の書籍・コミックが買えます)

【印刷所】

中央精版印刷株式会社

【製本所】

中央精版印刷株式会社

【フォーマット・デザイン】

日下潤一

ISBN978-4-575-71509-5 C0195

Printed in Japan